RESSE : { La POLKA, pochade-vaudeville en un acte, par MM. PAUL VERMOND et F. BÉRAT.
{ La SYRENE, opéra-comique en trois actes, par E. SCRIBE.
NTE : { La BOHÉMIENNE, drame-vaudeville en cinq actes, par C. LEMOINE et PAUL DE KOCK.
{ LES AMANS DE MURCIE, drame en cinq actes, par FRÉDÉRIC SOULIÉ.

LA FRANCE
DRAMATIQUE
AU DIX-NEUVIÈME SIÈCLE,
Choix de Pièces Modernes.

Odéon.

LA COMTESSE D'ALTENBERG,
DRAME EN CINQ ACTES ET EN PROSE.

886—887.

PARIS.
C. TRESSE, ÉDITEUR,
ACQUÉREUR DES FONDS DE J.-N. BARBA ET V. BEZOU,
SEUL PROPRIÉTAIRE DE LA FRANCE DRAMATIQUE,
PALAIS-ROYAL, GALERIE DE CHARTRES, N°s 2 ET 3,
Derrière le Théâtre-Français.

1844.

LA COMTESSE D'ALTENBERG

DRAME EN CINQ ACTES ET EN PROSE,

Par MM. Alphonse ROYER et Gustave VAEZ,

Représenté pour la première fois, à Paris, sur le théâtre royal de l'Odéon, le 11 mars 1844.

Personnages.	Acteurs.
LE COMTE D'ALTENBERG	MM. BOUCHET.
LE CHEVALIER OTTO	BARON.
LE DUC FRÉDÉRIC-AUGUSTE DE SAXE	MILON.
LE PRISONNIER	ROUVIÈRE.
JOHANN, domestique du comte	VORBEL.
UN SÉNÉCHAL, de la margrave	ERNEST.
LA COMTESSE D'ALTENBERG	Mmes DORVAL.
MARIE, sa fille	NAPTAL.
LA MARGRAVE DE GOERLITZ, mère de la comtesse	GRASSAU.
VALETS du comte. — GARDES. — VALETS de la margrave. — OFFICIERS d'état-major.	

L'action se passe en 1768, dans un château, à quelques lieues de Dresde. — Costume régence, sans poudre.

ACTE PREMIER.

Un salon. — Une porte à droite. — A gauche, une fenêtre. — Sur le second plan, une porte sur le premier. — Une table de chaque côté du théâtre.

SCÈNE I.

LA COMTESSE, MARIE, LE COMTE.

(Au lever du rideau, chacun de ces personnages est occupé : le comte à écrire sur la table de gauche, la comtesse à broder, auprès de l'autre table, Marie à dessiner, assise sur un tabouret aux pieds de sa mère — Johann entre.)

JOHANN, une lettre à la main.
Monsieur le comte !
MARIE, se levant.
Donnez, Johann.
LE COMTE.
Qu'est-ce donc ?
MARIE.
Mon père, une lettre de Dresde.

LE COMTE.
Une lettre ! (A part.) C'est d'elle, peut-être. (Regardant la suscription.) Non, du chevalier Otto. (Il jette la lettre sur la table et réfléchit.) Deux jours sans m'écrire !...
MARIE, ouvrant la fenêtre.
Quelle douce matinée ! Ma mère, tu me permettras de sortir aujourd'hui, n'est-ce pas ?
LA COMTESSE, avec pénétration.
Si tu le désires tant...
MARIE, à part, mélancoliquement.
Je verrai Frédéric.
LA COMTESSE, à part, regardant Marie.
Il faut que je l'interroge.
MARIE.
Hier, le temps était pluvieux et froid, et je n'ai pas osé te demander... Il m'a fallu rester enfermée tout un grand jour.

1844

LA COMTESSE.
J'ai vu ta contrariété, ton ennui.

MARIE, vivement.
Oh! avec toi! (Elle l'embrasse, et se rassied sur le tabouret.) Mais hier c'était le jour des aumônes, et le vieux Franz, et la pauvre Marthe qui est malade...

LA COMTESSE.
Quelqu'un les a visités à ta place.

MARIE.
Toi! malgré le froid, malgré la pluie!

LA COMTESSE.
Que deviendraient les malheureux si l'on attendait le soleil pour leur porter secours?...

MARIE, avec amour.
Ma mère! les pauvres ont bien raison de l'appeler leur bon ange.

LA COMTESSE.
Ne me loue jamais, enfant. D'ailleurs, tu importunes ton père.

LE COMTE, qui, dans ce moment, décachète la lettre du chevalier qu'il a reprise.
Gardez-vous de le penser, madame, je suis fier de voir que tout le monde ici vous bénit et vous aime.

LA COMTESSE, tristement, à part.
Tout le monde!

LE COMTE.
Et l'affection dont mes vassaux entourent la comtesse d'Altenberg, accroît pour vous mon estime.

LA COMTESSE.
Je vous en remercie, monsieur le comte, mais laissons cela. Le cœur de votre femme n'a pas besoin de ce vain témoignage.

LE COMTE, jetant les yeux sur la lettre du chevalier.
Que vois-je!.. Cette nouvelle! et elle ne m'a pas écrit. (Appelant vivement.) Johann!

LA COMTESSE.
Qu'y a-t-il donc?

LE COMTE, à part, regardant sa lettre.
L'ordonnance est enfin signée. (Appelant.) Johann! Johann! (Marie se lève pour appeler le domestique qui paraît, le comte lui demande:) Mme de Rosenthal n'est pas arrivée de Dresde?

JOHANN.
Non, monseigneur

LE COMTE.
Aucun message de sa part?

JOHANN.
Aucun.

LE COMTE.
C'est bien! sortez.

LA COMTESSE, se levant.
Fermez donc cette fenêtre, Johann, c'est pour cela que M. le comte vous avait appelé... (Bas au comte.) Pour vos gens, monsieur, donnez au moins un prétexte à votre impatience.
(Le domestique sort après avoir fermé la fenêtre. — Marie va s'asseoir de l'autre côté de la table à droite, où elle réfléchit tristement.)

LE COMTE, haut.
Mon impatience est bien naturelle: le premier ministre disgracié! lui qui voulait enlever à la noblesse les débris de ses priviléges féodaux, comme ses prédécesseurs avaient fait déjà pour notre droit de haute justice!

MARIE.
Si j'étais un grand seigneur comme vous, mon père, je serais enchantée qu'on m'épargnât le chagrin d'avoir à prononcer moi-même l'emprisonnement ou la mort d'un malheureux.

LE COMTE.
Non; en dépit des États et des Électeurs de la Saxe, à qui les chances de la guerre et de la politique nous ont soumis, un comte immédiat de l'empire est de droit souverain dans sa terre. Chef de sa famille, maître de ses vassaux, il faut qu'il soit le seul juge de ses vassaux et de sa famille.

MARIE.
De sa famille!

LE COMTE, relisant sa lettre.
Disgracié! et le divorce du prince auquel il s'opposait, ratifié par les États...

LA COMTESSE.
Impossible!

LE COMTE.
Dans la séance d'hier.

LA COMTESSE, froidement.
C'est une lâcheté. Les États foulent aux pieds les lois de la Saxe, pour satisfaire aux caprices du régent... car tout le monde sait bien dans quelles vues il répudie sa femme. Il ne lui manquait plus que de partager avec sa favorite un pouvoir dont il n'était que dépositaire et qu'il garde iniquement.

LE COMTE.
Je reconnais les idées de votre mère, Mme la margrave de Gœrlitz, qui nous fait, dit-on, l'honneur de nous visiter ce matin. Pour se consoler de ne plus posséder que le titre de sa petite principauté, elle s'amuse toujours sans doute à tramer des complots?...

LA COMTESSE.
Monsieur le comte, ma mère est une noble femme, digne de tous vos respects. Sa fidélité à la famille du feu électeur Christian VII n'est pas un amusement, mais une religion. Quant à moi, je sais compatir au malheur d'une épouse délaissée... Il faut que la favorite ait été bien adroite ou bien conseillée. Mme de Rosenthal est dit-on, son amie.

LE COMTE, avec colère.

Madame, je ne puis souffrir que vous insultiez..
(Marie se lève et se rapproche de sa mère.)

LA COMTESSE, vivement et à part, à son mari.

Monsieur! silence au moins devant votre fille...
(Haut.) Marie, va voir, je te prie, si le courrier de ma mère n'est pas venu annoncer son carrosse. (Marie hésite à sortir.) Va, mon enfant, va!
(Marie sort lentement en regardant la comtesse, qui essuie une larme.)

SCÈNE II.

LA COMTESSE, LE COMTE.

LE COMTE, avec douceur.

Amélie, je voulais seulement vous faire comprendre...

LA COMTESSE.

Oh! vous pouvez parler avec colère, maintenant; votre fille n'est plus là.

LE COMTE.

Votre injustice envers Mme de Rosenthal...

LA COMTESSE.

Mon injustice! Je ne vous parlerai pas de moi; mes chagrins ne vous touchent pas, je le sais; mais, du moins, vous devriez avoir souci de votre honneur.

LE COMTE.

Mon honneur!

LA COMTESSE.

Cette femme! elle vous a fait oublier même la foi que vous devez à votre souverain.

LE COMTE.

Arrêtez! Il n'y a pour moi qu'un souverain! c'est l'empereur d'Allemagne. Comme j'ai servi l'électeur Christian VII, je puis servir le régent sans que mon honneur soit intéressé à examiner le testament sur lequel il se fonde pour garder la couronne à une princesse encore au berceau; sans qu'il me faille juger s'il devrait ou non remettre le pouvoir au duc Frédéric-Auguste, inconnu même à ceux qui conspirent pour lui. Mais l'honneur de mon nom, madame, je mourrais plutôt que de le perdre! Moi vivant, aucun des miens n'y faillirait, fût-ce ma fille ou ma femme, sans que j'en fisse moi-même prompte et éclatante justice.

LA COMTESSE.

Rodolphe, dites-moi que je me suis trompée aussi en croyant à un complet abandon de votre part; dites-moi qu'il suffit encore pour votre âme de mon affection, de l'amour de votre fille, notre enfant, mon orgueil?

LE COMTE.

Oui, oui; mais ces querelles me sont pénibles... que ce soit la dernière.

LA COMTESSE.

Vous serez obéi. (Elle va se rasseoir tristement.)

LE COMTE, à lui-même.

Pauvre femme! si noble, si vertueuse! Combien de fois ma conscience... (Il regarde la comtesse.) Elle pleure. (Il s'éloigne lentement vers la porte du fond, il s'arrête, il hésite, puis revient derrière le fauteuil de la comtesse.) Amélie! ta main...

LA COMTESSE, jetant un cri de joie.

Ah!

SCÈNE III.

LES MÊMES, MARIE.

MARIE.

Le chevalier Otto arrive de la résidence avec Mme de Rosenthal. (La comtesse se lève inquiète.)

LE COMTE, avec agitation.

Des nouvelles de la cour... Pardon, il me tarde de connaître... Plus tard je reviendrai; excusez-moi. (Il sort.)

LA COMTESSE.

Espoir évanoui!

SCÈNE IV.

MARIE, LA COMTESSE.

MARIE.

Ma mère, pourquoi es-tu triste?

LA COMTESSE, s'efforçant de sourire.

Moi?

MARIE.

Oui, oui; je l'ai bien vu quand tu m'as renvoyée : il y avait dans tes yeux des larmes que tu cachais... Serait-ce mon père?...

LA COMTESSE.

Non!... Je ne veux pas que tu aies cette pensée-là, Marie. Ne crois pas que ton père puisse avoir des torts; tu sais qu'il est trop noble, trop juste, et qu'il nous aime trop pour me donner des chagrins.

MARIE.

Mais qui donc?...

LA COMTESSE.

Rien, je n'ai rien, Marie, rassure-toi; j'étais un peu souffrante, voilà tout ; mais je suis heureuse. N'ai-je pas ma fille? Oh! oui, bien heureuse par toi, ma belle Marie, car tu es belle, bien belle... Je ne devrais pas te dire cela.

MARIE.

Tu m'as appris à n'en pas être orgueilleuse.

LA COMTESSE.
Mais moi!... je suis ta mère... Regarde-moi, souris-moi.

MARIE.
Oh! je t'aime!

LA COMTESSE.
J'aurais des chagrins que tu me les ferais oublier. Mais je voulais te parler, Marie.* Pourquoi vas-tu dessiner si loin dans le parc?

MARIE.
Dans le parc!

LA COMTESSE.
On t'a vue plusieurs fois près du pavillon.

MARIE, embarrassée.
Le paysage y est si beau.

LA COMTESSE.
Ce lieu, pourtant, est maudit dans l'histoire de notre famille.

MARIE.
Maudit! N'était-ce pas autrefois la salle de justice de la châtellenie des comtes d'Altenberg?... Pourquoi mon père?...

LA COMTESSE.
Ignores-tu que sa mère y est morte un jour subitement, et d'une façon étrange qui fit alors circuler de sourdes rumeurs, que le vieux comte, devenu veuf, n'a jamais démenties?

MARIE.
Que disait-on?

LA COMTESSE.
Depuis ce jour, la porte de ce pavillon ne s'ouvrit plus, et après la mort du vieux comte, qui fut tué à la guerre, ton père défendit avec sévérité que personne ne mît les pieds dans ce bâtiment. Je te dis tout cela pour que tu craignes, à l'avenir, d'aller de ce côté.

MARIE, rêveuse.
Là... dans ce pavillon... subitement...

LA COMTESSE.
Ce n'est pas tout : le jour où ton père devint seigneur de ce domaine, il fit enfermer, sans que l'on sût pourquoi, dans un cachot de la châtellenie, un serviteur dont jamais je n'ai pu obtenir la liberté.

MARIE.
Quoi!...

LA COMTESSE.
Dieu la lui a donnée.

MARIE.
Il est mort?

LA COMTESSE.
A ce que m'a dit ton père.

MARIE.
Tout cela m'effraie.

LA COMTESSE.
Ainsi, tu n'iras plus de ce côté, n'est-ce pas? Tu me le promets?

* La comtesse conduit sa fille auprès des siéges, à droite, où elles s'asseyent. — Marie sur le tabouret.

MARIE, baissant les yeux.
Oui, ma mère. (A part.) Une fois encore, une seule, pour lui dire...

LA COMTESSE.
D'ailleurs, ce lieu est si désert... Tu n'y as rencontré personne, n'est-ce pas? (Voyant que Marie ne répond rien.) Si? — Marie, aurais-tu aperçu là quelqu'un? Réponds-moi ; si tu me dis non, je te croirai; car tu n'as jamais fait un mensonge.

MARIE.
Ma mère!...

LA COMTESSE, agitée.
Réponds?

MARIE.
Eh bien! un jeune homme...

LA COMTESSE.
Tu l'as vu?

MARIE.
Tu le connais?

LA COMTESSE, avec calme.
Moi! non, je ne le connais pas ; j'ignore qui ce peut être ; mais ne dis rien à ton père... je me charge...

MARIE, à part.
Oh! quand il faudra lui avouer ma faute!

LA COMTESSE.
Il ne t'a point parlé?

MARIE.
Ma mère... (Vivement.) On vient!
(Elles se lèvent.)

SCÈNE V.

MARIE, LA MARGRAVE DE GOERLITZ, LA COMTESSE, LE SÉNÉCHAL et DEUX LAQUAIS de la margrave. Les deux laquais, en grande livrée, entrent les premiers et se placent des deux côtés de la porte ; puis le sénéchal paraît et se range dès qu'il a fait son annonce.

LE SÉNÉCHAL, annonçant.
Son Excellence Mme la margrave de Gœrlitz!

MARIE et LA COMTESSE, courant au devant d'elle.
Ma mère! *

LA MARGRAVE.
Ma fille! chère Marie!... Monsieur mon sénéchal, que deux cents écus soient distribués aux pauvres pour fêter notre bien-venue. Demain, à notre lever, nous recevrons les personnes de la noblesse qui voudront bien nous faire visite. (A la comtesse.) Chère Amélie, ton mari, où est-il?

LA COMTESSE.
Chez lui, ma mère ; il travaille.

LA MARGRAVE, au sénéchal.
Faites prévenir M. le comte d'Altenberg que,

* Marie, la margrave, la comtesse, le sénéchal, au fond.

ne l'ayant pas rencontré sur l'escalier d'honneur de son château, nous l'attendrons ici. Allez.
(Le sénéchal et les laquais saluent et sortent.*)

LA COMTESSE.
Veuillez excuser mon mari, ma mère, s'il a négligé un devoir...

LA MARGRAVE, avec noblesse.
Je ne lui en parlerai pas, ma fille; ce n'est point avec des remontrances que l'on inspire aux gens le respect du rang et de l'âge. Oublions cela; aussi bien (Avec intention.) avons-nous à traiter de plus graves matières... Cette chère Marie, comme la voilà grande et belle... Mais plus tard, chère enfant, nous causerons de toi. Va m'attendre dans mon appartement; je désire être seule un instant avec ta mère. (Elle la baise au front.)

MARIE, bas, à la margrave.
Madame, vous qui l'aimez tant, consolez ma mère; elle a bien du chagrin.

LA MARGRAVE, à part.
Je le sais.
(Marie sort, après avoir baisé la main de sa mère.)

SCÈNE VI.

LA MARGRAVE, LA COMTESSE, assises.

LA COMTESSE.
Eh bien! ma mère, quelles nouvelles apportez-vous au duc?

LA MARGRAVE.
De bonnes nouvelles, ma fille.

LA COMTESSE.
Je tremble toujours... Si le comte mon mari allait découvrir...

LA MARGRAVE.
On croit le jeune prince très loin de la Saxe, occupé de ses plaisirs.

LA COMTESSE.
Oh! pourquoi avez-vous exigé?...

LA MARGRAVE.
L'asile que je t'ai demandé pour lui est sûr. Chez un ami du régent, chez le comte d'Altenberg, au milieu d'un vaste parc, un pavillon condamné, fermé à cause d'une aventure tragique, et dont personne n'ose approcher de peur d'encourir la disgrâce de ton mari, c'est ce qu'il nous fallait.

LA COMTESSE.
Oh! que les événemens s'accomplissent donc au plus tôt! car cette vie d'agitation et d'inquiétudes, pour laquelle je ne suis pas faite...

---

* La comtesse conduit sa mère jusqu'au fauteuil que Marie avance près de la table à gauche; la comtesse s'assied à la gauche de la margrave, Marie se tient debout de l'autre côté.

LA MARGRAVE.
Tout va bien. Les cercles électoraux de Leipsick et de Neustadt n'attendent plus qu'un signal. Freyberg est à nous avec ses mineurs armés. Nous avons un parti puissant dans Dresde même. Il a été décidé en conseil que notre jeune électeur Frédéric-Auguste épouserait la princesse Ulrique de Hanovre si, pour prix de cette alliance, il obtenait un secours d'hommes et d'argent. Le traité est sans doute signé à l'heure où je te parle, et ton frère, le margrave Ernest, doit aujourd'hui ou demain t'en donner la nouvelle par un courrier, afin que tu puisses la transmettre au prince.

LA COMTESSE.
Ce brillant mariage, en effet, assure le triomphe de sa cause.

LA MARGRAVE.
Mais laissons cela, ma fille, et parlons de toi maintenant.

LA COMTESSE.
De moi?

LA MARGRAVE.
Amélie! tu n'es pas heureuse.

LA COMTESSE.
Ma mère!...

LA MARGRAVE.
Ces yeux rougis par les larmes, ce teint pâli, cet embarras... Non, tu n'es pas heureuse! je le sais! je le sais, te dis-je, et c'est pour cela que je suis venue. (La comtesse se jette en sanglotant dans les bras de sa mère.) Sur mon cœur! pauvre ange abandonné! (Se levant, ainsi que la comtesse.) Je n'ai jamais eu d'affection pour ton mari, mais je rendais justice à ses qualités: un loyal gentilhomme, plein d'honneur, un des meilleurs noms de l'Allemagne... et puis il t'aimait alors; oui, il t'aimait réellement.

LA COMTESSE.
Oh! oui, ma mère, et c'est ce changement qui fait mon supplice. Oui, je suis malheureuse. Pardonnez-moi, mon Dieu! si je dévoile des torts que je devrais cacher, peut-être; mais c'est trop souffrir! il faut qu'une fois mon cœur s'épanche librement devant vous. Pendant quinze années ce château fut pour moi un lieu de délices et d'enchantement. Je n'avais pas le temps de former un désir qu'il était réalisé, et c'était par lui! Les soins, les égards, les plus minutieuses attentions, les dépenses les plus folles, rien ne lui coûtait si j'émettais un vœu, si, dans un de mes regards, je laissais parler un caprice. Notre amour mutuel s'était concentré sur notre unique enfant, notre chère Marie, cette gracieuse figure aux yeux bleus qui nous souriait comme le bon ange de notre foyer. Je m'étais faite à cette vie, croyant qu'elle ne devait pas finir. On s'habitue si facilement au bonheur! Mais un jour... il y a deux ans de cela, parut à la cour de Dresde, où nous étions allés

par devoir, une femme d'une beauté merveilleuse, et qui se fit en peu de temps une renommée étrange de coquetterie et de sagesse calculée. Les hommes les plus graves tombèrent sous le charme de cette enchanteresse, et mon mari lui-même se laissa entraîner à ses dangereuses séductions. Le désir de plaire à Mme de Rosenthal est la seule pensée, maintenant, qui remplisse l'imagination du comte. Il en a fait son amie la plus intime ; il ne voit qu'elle, ne parle que d'elle, ne se dirige que par ses avis. Mes soins, l'amour de sa fille, le calme si pur de ce château, tout cela l'ennuie et lui pèse. Quand il ne va pas à la résidence figurer parmi les courtisans de Mme de Rosenthal, c'est elle qui vient ici le visiter. Elle est chez nous dans ce moment ; elle y passera des jours, des semaines, des mois entiers, peut-être ! attirant auprès d'elle une foule de jeunes étourdis et de femmes coquettes qui s'informent à peine si j'existe et s'il me convient de les recevoir, qui donnent des ordres chez moi ; si bien que mes amis, s'ils s'aventurent à me venir visiter par hasard, se regardent, étonnés de ce qui se passe, et se demandent entre eux, en rougissant, laquelle, de cette femme ou de moi, est la comtesse d'Altenberg.

LA MARGRAVE.

Ma pauvre Amélie ! d'autres outrages naissent encore pour toi de l'abandon de ton mari : il est tel de ses amis qui n'a pas craint de te déclarer un insolent amour... Le chevalier Otto...

LA COMTESSE.

Un étourdi qui faisait profession de ne croire à la vertu d'aucune femme ; mais j'ai su, d'un mot, le rappeler au devoir... et maintenant c'est pour moi un ami sincère et dévoué, le seul qui ne rie pas de mes larmes et qui prenne quelque pitié de mon abandon.

LA MARGRAVE.

C'est le ciel qui m'envoie pour mettre fin à ce scandale. Je verrai ton mari, et il faudra bien...

LA COMTESSE, avec effroi.

Oh ! prenez garde ! le comte est vif et emporté...

LA MARGRAVE.

Ce n'est pas en ton nom que je lui parlerai, mais au nom de toute notre famille.

LA COMTESSE.

Non, non, je vous en prie.

LA MARGRAVE.

Il m'entendra, je l'ai résolu, et de ce pas je me rends chez lui.

LA COMTESSE.

Ma mère ! vous m'épouvantez !

LA MARGRAVE.

Si ta fille était malheureuse, tu regarderais comme un devoir d'agir ainsi que je veux le faire.

LA COMTESSE.

Au moins soyez prudente.

LA MARGRAVE.

Je te promets de contenir mon indignation. Allons, ma fille, du courage ; sèche tes larmes et attends-moi. (Elle sort.)

SCÈNE VII.

LA COMTESSE, puis LE CHEVALIER OTTO.

LA COMTESSE, seule.

Du courage... Oh ! non, je n'en ai plus ; j'ai perdu jusqu'à l'espérance. Avec quelle anxiété j'attends le résultat de cette entrevue ! — Le chevalier Otto !

OTTO, entrant.

Madame la comtesse, j'avais hâte de vous présenter mes respectueux hommages... Nous avons à causer de plusieurs affaires graves ; d'abord, du bal masqué qui se donne ce soir au château.

LA COMTESSE.

Que dites-vous ?

OTTO.

C'est à Mme de Rosenthal qu'appartient cette idée... Avant de quitter la résidence, elle y a fait elle-même toutes les invitations.

LA COMTESSE.

Un bal masqué, ici !

OTTO.

Oui, ma foi. Ce gothique manoir va froncer le sourcil d'une singulière façon sous les guirlandes de fleurs, sous les flamboyantes aigrettes de bougies dont ce soir on prétend l'habiller.

LA COMTESSE.

Et c'est Mme de Rosenthal...

OTTO.

Elle s'était mis en tête que nous danserions chez vous. C'est une femme qui réussit dans tout ce qu'elle entreprend. Mais je m'arrête pour n'en pas dire de mal, attendu que je suis de ses amis. D'ailleurs, que pourrais-je vous apprendre ? que c'est une coquette chez qui l'esprit a tué le cœur ; qu'elle a fait battre vingt rivaux sans jamais en contenter aucun ; que le commandeur de Neubourg s'est brûlé la cervelle après deux ans d'inutiles soupirs qu'elle avait fait plus qu'encourager ; que le plus riche banquier de Dresde, un homme respectable... par ses millions, s'est ruiné en trains d'équipages pour parader sous ses beaux yeux et obtenir, en fin de compte, un éclat de rire pour prix de sa catastrophe...

LA COMTESSE.

Mon Dieu !

OTTO.

Que, sous les dehors de la plus angélique beauté, c'est bien la femme la plus méchante et la plus haineuse... Vous savez tout cela aussi bien que moi ; mais ce que je vous apprendrai peut-être, c'est que c'est elle qui, bannie du cercle de la princesse, a , par vengeance, conduit le prince, son époux, tout doucement et tout souterrainement, à un divorce.

LA COMTESSE, à part.

Oh ! quel abîme il me fait entrevoir !

OTTO.

Aussi ne suis-je des amis de Mme de Rosenthal que par la crainte d'être compté au nombre de ses ennemis ; et s'il m'est permis de hasarder un conseil , croyez-moi, comtesse, quelques griefs que vous puissiez avoir contre elle, sachez la ménager.

LA COMTESSE, à part.

Ah ! pourvu que cette femme ne se soit pas trouvée là. (Haut.) Quand vous avez quitté le comte, Mme de Rosenthal était-elle auprès de lui ?

OTTO.

Elle y était.

LA COMTESSE, à part.

Je tremble !

OTTO.

Ah ! madame... je comprends votre chagrin, et s'il ne dépendait que de moi... (Baissant la voix.) Il y a quelque chose que je ne me pardonnerai , voyez-vous, que lorsque j'aurai trouvé l'occasion de vous prouver mon dévoûment.

LA COMTESSE.

Chevalier, vous êtes un brave jeune homme, mais le dévoûment de mes amis ne changera rien à mon sort.

OTTO.

Ne perdez donc pas tout espoir. Mme de Rosenthal, après tout, n'est pas aussi dangereuse que vous le pensez ; par ses prudes coquetteries, elle vise plutôt à conquérir les imaginations que les cœurs ; puis elle dédaigne et fuit ses triomphes le jour où elle se croit sûre de les obtenir. D'ailleurs, le comte a pour vous une trop haute estime...

LA COMTESSE.

Je comprends votre généreuse pensée, mais n'essayez pas de me donner une consolation inutile. (A part.) Oh ! comme ma mère tarde à revenir.

(Elle remonte la scène jusque auprès de la porte du fond.)

OTTO, à part.

Pauvre comtesse. Ce que vient de me dire Mme de Rosenthal m'a irrité... Un inconnu mystérieux découvert par elle dans le parc... qu'est-ce que cela prouve ? Je saurai défendre la comtesse de toute fâcheuse interprétation en forçant le bel inconnu à se faire connaître à moi.

LA COMTESSE, à part.

Rien encore !

OTTO.

Vous avez l'air inquiet, comtesse ?

LA COMTESSE.

J'attends ma mère qui est entrée chez M. le comte , et je crains... (Apercevant sa fille qui accourt.) Marie !

SCÈNE VIII.

OTTO, MARIE, LA COMTESSE.

MARIE.

Ma mère ! ma mère !

LA COMTESSE.

Qu'y a-t-il ?

MARIE.

Quel événement ! J'en suis toute tremblante.

LA COMTESSE.

Parle, Marie, parle vite !

MARIE.

Mme la margrave...

LA COMTESSE.

Eh bien ?

MARIE.

Vient de frapper d'un coup d'éventail au visage la baronne de Rosenthal.

LA COMTESSE.

Ciel !

OTTO, à part.

Une explosion est imminente.

LA COMTESSE.

Et ton père ! ton père ! sait-il déjà...

MARIE.

Je l'ignore, mais voici...

SCÈNE IX.

LES MÊMES, LA MARGRAVE, très agitée, et froissant un éventail.

LA COMTESSE.

Ah ! ma mère ! ma mère ! qu'avez-vous fait ?

LA MARGRAVE.

L'impudente ! oser me railler encore ! et trouver mauvais que je lui reproche ses infamies !

LA COMTESSE.

Mon mari ? ma mère, vous ne l'avez point vu ?

LA MARGRAVE.

Non. Je me rendais chez lui quand j'ai rencontré cette femme. En me quittant, elle aura été se jeter à ses pieds.

LA COMTESSE.

Oh ! que va-t-il dire, mon Dieu ?

MARIE.

Je tremble !

OTTO, aux aguets.

Voici le comte.

LA COMTESSE, avec terreur.
Ma mère !

LA MARGRAVE.
Laisse-moi. C'est une affaire entre nous deux, maintenant.

SCÈNE X.

LES MÊMES, LE COMTE.*

LE COMTE, pâle, avec une fureur sourde et contenue.
Madame, vous me voyez encore tout ému de ce que je viens d'apprendre. J'ai besoin de vous entendre vous-même vous excuser...

LE MARGRAVE.
M'excuser !

LA COMTESSE, essayant de calmer sa mère.
De grâce !
(Elle fait signe à Marie de se retirer. Marie s'éloigne de quelques pas et reste avec inquiétude.)

LA MARGRAVE.
J'ai fait mon devoir, monsieur, en châtiant l'audace d'une intrigante qui vient porter le trouble dans la maison de ma fille.

LE COMTE.
Madame !

LA MARGRAVE.
En deux mots, monsieur le comte, c'est assez de scandale comme cela.

LE COMTE.
Madame, madame, vous abusez cruellement de votre âge et de votre position...

LA MARGRAVE.
Notre bonheur et le vôtre, monsieur, exige que, sur l'heure même... (A voix basse.) vous mettiez votre maîtresse hors de chez vous...

LA COMTESSE.
Ma mère !

LE COMTE.
Oh ! que ne puis-je m'en prendre à un homme de l'insulte que je reçois.

LA MARGRAVE.
Ainsi cette femme ne sortira pas !

LE COMTE.
Ce ne sera pas elle qui sortira.

LA MARGRAVE.
Ce sera donc moi ?

MARIE.
Mon Dieu !

LA COMTESSE, se jetant entre la margrave et le comte.
Monsieur ! chasser ma mère !

LA MARGRAVE.
Je sors, monsieur le comte, je sors. Viens, ma fille, viens avec moi.   (Elle l'entraîne.)

LE COMTE, à la comtesse.
Restez, madame.

LA COMTESSE.
Monsieur !...

LE COMTE, impérieusement.
Restez, je le veux !

LA MARGRAVE.
Vous oubliez, monsieur, que je suis sa mère.

LE COMTE.
Vous oubliez, madame, que je suis son mari.
(Il saisit par la main la comtesse, qu'il sépare de sa mère, et qui passe devant son mari avec soumission.)

* Otto, le comte, la margrave, la comtesse, Marie.

ACTE DEUXIÈME.

Un parc. — Verdure sombre, des cyprès et des pins. — A gauche, un pavillon gothique recouvert de mousse et de lierre. — Contre le pavillon, une charmille. — A droite un banc de pierre.

SCÈNE I.

LE DUC, puis OTTO.

LE DUC.
(Il entre par une allée du parc, se retourne derrière un arbre et regarde sur le chemin par où il est venu.)
Personne ! Par prudence, en attendant Marie, rentrons dans ce pavillon.

OTTO, sortant de la charmille.
Halte-là !

LE DUC.
Ciel !

OTTO.
Deux questions, beau cavalier : Votre nom, le but de votre promenade ?

LE DUC.
Deux réponses à vos deux questions : Ce parc est au comte d'Altenberg, et le comte ce n'est pas vous.

OTTO.
Qu'importe ? répondez !

LE DUC.
A un ordre ? jamais !

OTTO.
En ce cas, vous vous battrez.
(Il descend vivement le théâtre comme pour choisir son terrain.)

LE DUC, avec force.

Monsieur ! (Il se modère et se rapproche du chevalier.) De grâce, monsieur, écoutez-moi. Mon nom, je ne puis vous le dire; qu'il vous suffise de savoir que je ne suis amené par aucun mauvais dessein; si vous êtes l'hôte et l'ami du comte d'Altenberg...

OTTO.

Il est aisé de voir à votre mine que vous n'en voulez pas à la vaisselle de ses buffets ni au gibier de ses terres, mais bien au cœur de sa femme.

LE DUC.

La comtesse ! Ah ! monsieur, n'allez pas soupçonner...

OTTO.

C'est vous que je soupçonne, monsieur, et non pas la comtesse... Votre présence mystérieuse l'a déjà compromise aux yeux d'une femme qui est son ennemie, — Mme de Rosenthal. — Ce n'est qu'un oubli de sa part si, avant de quitter ce château pour retourner à Dresde, elle ne vous a pas dénoncé au comte, dont la violence...

LE DUC.

Vous calomniez le comte d'Altenberg; il est impossible...

OTTO.

Qu'il soit jaloux de sa femme? Je vous comprends, monsieur ; mais vous le connaissez mal ; c'est un homme ardent, irritable, capable de se porter aux excès les plus terribles s'il croyait son honneur compromis.

LE DUC.

Monsieur, je vous proteste... Evitons un éclat, je vous en supplie; consentez à vous taire sur notre rencontre ; demain je serai loin d'ici.

OTTO, d'un air de doute.

Demain...

LE DUC.

Je vous le jure.

OTTO.

J'ai atteint mon but, si j'ai délivré la comtesse du péril auquel l'expose votre présence, mais si vous me trompez...

LE DUC.

Vous avez ma parole de gentilhomme.

OTTO.

Eh bien ! monsieur, j'attendrai jusqu'à demain. (Il s'éloigne suivi par le duc, puis, avant de disparaître :) N'oubliez pas que je me fie à votre serment.

LE DUC.

Et moi à votre discrétion.

SCÈNE II.

LE DUC, seul.

Je suis découvert ! il faudra fuir encore... Et Marie, Marie ! que lui dire ? Oh ! pourquoi m'ont-ils contraint à venir disputer cette couronne ?... Je n'aurais pas détruit à jamais le bonheur d'une jeune fille ! Que ne puis-je, au prix de tout mon sang, retrancher une heure dans mon existence ? heure fatale, heure d'oubli !... ou plutôt, que ne puis-je renoncer pour Marie à cette couronne, aux cruels devoirs qu'elle m'impose ! Mais il est trop tard, leur complot a poussé trop avant les défenseurs de ma cause ; qu'il éclate ou non, un jour il serait découvert, et alors s'élèveraient les échafauds. Oh ! jamais on ne reprochera une lâcheté au duc Frédéric-Auguste. Le sort en est jeté ; je dois me sacrifier et Marie avec moi. Elle va venir, il faut tout lui avouer... si j'en ai le courage. Quel châtiment, mon Dieu ! sera pour moi son désespoir !

SCÈNE III.

LE DUC, MARIE.

MARIE, accourant par une allée, du côté du pavillon.

Frédéric !

LE DUC.

Marie !

MARIE.

Parlez-moi, parlez !... je suis tremblante plus que les autres fois ; pour vous voir, j'ai trompé ma mère !

LE DUC.

Personne ne t'a vue?

MARIE.

Non, je ne le pense pas ; je prends toujours un chemin si détourné !... Mon ami, je ne pourrai plus revenir ; oh ! non, mentir à ma mère, cela me porterait malheur ! Ainsi, il nous faut prendre une résolution.

LE DUC.

Marie, j'ai à te parler... mais ici... (A part.) Je redoute l'effet de cet aveu. (Haut.) Entrons dans ce pavillon.

MARIE, reculant. *

Non, non, il me fait peur !... Ce que m'a raconté ma mère... (Avec un triste sourire.) Je suis superstitieuse, n'est-ce pas ? Nous autres pauvres filles allemandes, élevées loin de la cour, au milieu des bois, comme des fleurs sauvages, il faut nous pardonner. Ce matin, Frédéric, ma mère m'a interrogée... Un instant j'ai voulu tout lui dire...

LE DUC, à part.

Oh ! ciel !

MARIE.

J'ai manqué de courage. Elle est bonne, cependant, ma mère ; et si je lui avais dit comment je vous ai rencontré errant dans ce parc, comment

---

* Marie, le duc.

vous êtes accouru pour me rassurer, en me disant : Je suis un proscrit, officier au service du prétendant; si j'avais ajouté : « Ma mère, il était blessé, pâle, souffrant, j'ai eu pitié... je n'ai pas trahi son asile... j'y suis retournée pour lui porter des consolations, comme je le fais pour tous les malheureux, que vous m'avez appris à visiter dans leur demeure; puis il m'a aimée... (Baissant les yeux.) Et maintenant, je ne puis plus être à un autre qu'à lui... » oh! oui, ma mère est bonne comme Dieu qu'elle imite, et elle m'eût pardonné.

LE DUC.
Marie! Marie!

MARIE.
Frédéric, vous devez vous souvenir de ce jour où, en vous quittant, je vous jetai un bouquet de violettes que je portais sur mon sein?...

LE DUC.
Oh! oui, oui, il ne m'a point quitté!
(Il le montre et le porte à ses lèvres.)

MARIE.
C'est la coutume de notre pays : en vous le donnant, je vous donnai mon âme.

LE DUC.
Marie, ne me parle pas ainsi! (Avec effort.) Écoute-moi.

MARIE.
Frédéric!

LE DUC, à part.
Ma voix se brise comme mon cœur!

MARIE.
Que voulez-vous me dire?

LE DUC, à part.
Non, demain... demain, il sera temps encore.

MARIE.
Vous avez un tourment secret; déjà souvent je m'en suis aperçue, et cela me donne de bien tristes pensées. Voyez-vous, Frédéric, je crois aux pressentimens, et je ne puis chasser de ma mémoire une ballade bien effrayante que me chantait jadis ma nourrice en m'endormant, et qui racontait les malheurs d'une jeune fille comme moi, trompée dans son premier amour.

LE DUC.
Marie, oh! tais-toi!

MARIE.
Elle mourut de son abandon, et l'on jeta un crêpe noir sur les roses dont son amant lui avait tressé sa dernière couronne.

LE DUC.
Ah! quels que soient tes pressentimens, quoi que tu puisses appréhender pour l'avenir, Marie, ne crois pas que jamais je t'aie menti en te disant que je t'aime.

MARIE.
Non, non, je ne crois pas cela.

LE DUC.
Avant de t'avoir vue, je l'ignorais, cet amour qui enferme pour nous l'univers et le ciel dans une seule femme, et jamais je n'aimerai que toi. Souviens-toi de cette parole, Marie : comme je t'aime aujourd'hui, que je puis te le dire encore, ainsi je t'aimerai loin de toi, si le sort venait à nous séparer.

MARIE, avec effroi.
Nous séparer! Mais que deviendrais-je, moi... J'y pense! si une guerre!... cette vie de dangers qui est la vôtre... Il faut que vous y renonciez...

LE DUC.
Je lui appartiens.

MARIE.
Servir le prétendant!... Mais vous ne le pouvez plus... tu ne le peux plus, Frédéric; songe donc que mon père... ne sois pas son ennemi du moins quand on ira lui dire : « Il faut qu'il épouse votre fille. »

LE DUC, à part.
Mon Dieu! mon Dieu!

MARIE.
Tu ne partiras jamais, n'est-ce pas, promets-le moi; demain j'aurai tout dit à ma mère, je l'amènerai près de toi.

LE DUC.
Non, non, ne lui dis rien, attends encore.

MARIE.
Toujours attendre...

LE DUC.
Demain, Marie, demain je te dirai...

MARIE.
Choisis le moyen qui te semblera le plus sûr, quel qu'il soit; fallût-il affronter la colère du comte, j'irai me jeter à ses pieds malgré la terreur qu'il m'inspire. Adieu, Frédéric, je n'ose rester plus long-temps; à demain, et si tu ne veux pas que je meure, comme la jeune fille de la ballade, songe que ce retard doit être le dernier.

LE DUC.
Marie!... oh! je t'aime, je t'aime! (Il lui baise les mains.) Adieu! adieu! *

SCÈNE IV.

LE DUC, seul.

Trahir cette enfant qui se confie à mon amour avec tant d'abandon, laisser à cette famille le déshonneur pour prix de son hospitalité! non, c'est une lâcheté au dessus de mes forces. J'écrirai à mes envoyés à la cour de Hanovre de ne pas m'engager dans un hymen impossible. Dieu merci! les négociations sont à peine entamées, et j'espère...

* Marie sort par la gauche, par où elle est entrée.

SCÈNE V.

LA COMTESSE, LE DUC.

LA COMTESSE, *entrant par la droite.*
Altesse !

LE DUC.
Vous, madame ! (*A part.*) Ah ! si Marie s'était trouvée là...

LA COMTESSE.
C'est ma mère que vous deviez voir, monsieur le duc, mais elle est partie subitement. Je viens à sa place vous apporter des nouvelles importantes ; le traité secret qui vous unit à la princesse Ulrique...

LE DUC, *avec anxiété.*
Eh bien ?

LA COMTESSE.
Depuis hier il est conclu.

LE DUC, *à part.*
Grand Dieu ! (*Haut.*) Madame, ce mariage est impossible.

LA COMTESSE.
Que dites-vous ?

LE DUC.
Si c'est à ce prix que je dois régner, j'y renonce.

LA COMTESSE.
Prince, vous ignorez que cette alliance est à présent votre seul espoir de salut.. Sachez que tout est connu à Dresde, tout.

LE DUC.
Trahis !

LA COMTESSE.
Vos projets, la réunion de vos partisans, on sait tout depuis long-temps.

LE DUC.
Qui vous a dit ?

LA COMTESSE.
Mon mari lui-même, à cause de mon frère Ernest qu'il a voulu sauver...

LE DUC.
Achevez !

LA COMTESSE.
Demain, des soldats seront dirigés sur le lieu où se rassemblent vos amis, qui seront tous tués ou faits prisonniers.

LE DUC.
Oh ! je ne leur laisserai pas le temps de nous surprendre ; il faut les devancer, réunir tous les miens et marcher sur la capitale.

LA COMTESSE.
Partez à l'instant.

LE DUC, *à part.*
Marie ! Oh ! il faut que je la revoie.

LA COMTESSE.
Ne perdez pas une minute.

LE DUC, *avec un peu d'embarras.*
Trois heures suffisent pour rejoindre votre frère... En partant cette nuit...

LA COMTESSE.
Altesse ! demain l'on se battra pour votre cause, c'est pour vous que ce sang va couler, pour vous qui ne serez pas là...

LE DUC.
Oh ! j'y serai, madame, j'y serai, je vous le jure !

LA COMTESSE.
Partez donc, et que le ciel soit pour vous. Adieu !

LE DUC.
Adieu, madame.

LA COMTESSE, *qui a fait quelques pas pour retourner au château, s'arrête tout à coup et regarde attentivement dans le lointain.*
Ciel !

LE DUC, *accourant auprès d'elle.*
Qu'est-ce donc ?

LA COMTESSE.
Mon mari !

LE DUC.
Vous a-t-il vue ?

LA COMTESSE.
Non, mais le chevalier Otto peut-être...

LE DUC.
Fuyez !

LA COMTESSE.
Comment ? sans être aperçue...

LE DUC.*
Ils viennent par ici.

LA COMTESSE.
Où me cacher ?

LE DUC.
Là, derrière cette porte. (*Il indique le pavillon.*)

LA COMTESSE.
Mais vous ?

LE DUC.
Ce taillis.

(*Il se jette dans la charmille, après que la comtesse a disparu dans le pavillon.*)

SCÈNE VI.

LE CHEVALIER OTTO, LE COMTE.

OTTO, *paraissant d'abord seul, précipitamment, de manière à indiquer qu'il a vu la comtesse.*
Elle ! dans ce pavillon ! (*Courant au devant du comte qui entre lentement, la tête baissée.*) Cher comte, je vous en prie, dirigeons notre promenade d'un autre côté... j'ai horreur des sites mélancoliques.

---

* Le duc, la comtesse.

LE COMTE.
Vous me quitterez dans un instant. Pour moi, ce n'est pas sans dessein que je suis venu ici. *

OTTO.
Comment !...

LE COMTE.
Une affaire m'y appelle.

OTTO, à part.
Aurait-il vu la comtesse? Oh! non, il ne serait pas aussi calme... Ma foi, si je n'avais pas une confiance aussi robuste... Allons donc, est-ce que cela est possible?...

LE COMTE.
Chevalier, je voulais causer avec vous.

OTTO.
Je vous écoute.

LE COMTE.
Au sujet de Mme de Rosenthal.

OTTO, vivement.
Dirigeons-nous du côté de la pièce d'eau.

LE COMTE.
Non, restons ici; je serai plus certain que personne ne pourra nous entendre.

OTTO, à part, jetant les yeux sur le pavillon.
Oui.

LE COMTE.
Vous êtes des amis de la baronne, et quelques mots dits par vous pourraient calmer son juste ressentiment.

OTTO.
La leçon qu'elle a reçue chez vous a été rude.

LE COMTE.
Je l'en ai bien vengée, chevalier, croyez-vous qu'elle consente à revenir?

OTTO.
Je ne sais vraiment... Le prince de Valdeck lui offre, dit-on, sa fortune et sa main.

LE COMTE.
Elle a tout refusé, chevalier. Oh! mais dites-moi que je la reverrai, que vous emploierez pour cela votre crédit; je suis d'une inquiétude mortelle.

OTTO.
Plus bas, cher comte... si quelqu'un se promenait dans le parc... (A part.) Cette pauvre comtesse qui va entendre tout cela de ce pavillon.

LE COMTE.
Depuis son départ, je ne sais ce que j'éprouve, un vague ennui m'assiège et me poursuit partout. Ce château, ce domaine, auxquels pourtant se rattachent depuis mon enfance toutes mes idées de bonheur et de joie, me semblent à présent de sombres déserts. J'ai beau changer de place, nulle part je ne me sens à l'aise; la société de mes meilleurs amis me gêne, et j'ai peur de me trouver seul. Vainement je cherche à comprendre ce sentiment indéfinissable qui attache, malgré moi, mon repos à la présence de cette femme, et qui

* Otto, le comte.

me rend le plus malheureux des hommes, sans que je puisse même savoir de quel nom je dois l'appeler.

OTTO, à part.
Je le sais bien, moi. (Haut.) C'est de l'amitié..., rien de plus... une affection pure...

LE COMTE.
Oui, elle est pure, je l'atteste; et jamais le comte d'Altenberg n'oubliera ce qu'il doit à son nom, à celle qui le porte.

OTTO.
Bien.

LE COMTE.
Mais ne me dites pas que ce soit de l'amitié. Non, non, chevalier, c'est de l'amour, mais un amour indomptable, furieux, qui m'ôte le sens et la raison...

OTTO, à part, avec contrariété.
Il n'en aura pas le démenti.

LE COMTE.
C'est une fascination, un charme, un sortilége qui me tient dans des liens de fer et contre lequel j'essaierais vainement de lutter. Je conçois les passions violentes, les désastres, les excès qu'a causés cette femme; je conçois qu'on se soit battu, ruiné, tué pour elle. Et pourtant je ne suis pas comme vous, un jeune homme au cœur impétueux que séduit tout plaisir nouveau. Le front du comte d'Altenberg était calme et grave comme les tours massives qui couronnent ce berceau de pierre où notre race a grandi. Une femme a changé tout cela, elle a triomphé de ma sauvage nature; je m'étudie, pour lui plaire, à imiter les grâces futiles d'un courtisan. Mes idées, mes habitudes, mes devoirs, j'ai tout sacrifié pour elle, tout, jusqu'à l'affection que j'avais pour ma femme.

OTTO, vivement.
Taisez-vous, cher comte, cela n'est pas, vous avez toujours pour votre femme la même affection.

LE COMTE.
Chevalier, cela est horrible à dire, mais je reconnais avec terreur qu'une froide estime est l'unique sentiment que mon cœur ingrat ait gardé pour la comtesse; et ma lâche conscience, pour s'affranchir du remords, va même parfois jusqu'à désirer moins d'éclat à cette vertu qui s'arme contre moi de tout le respect dont elle est entourée; je m'en accuse, je me déteste moi-même, mais que puis-je contre ma destinée?...

OTTO, à part.
Essayez donc d'abuser la comtesse après cela!...

LE COMTE.
Je compte donc sur vous, chevalier, pour ramener ici Mme de Rosenthal. Si elle ne revient pas, ce sera moi qui irai la chercher, quelque scandale qu'il en puisse résulter. A tout prix, il faut

que je la revoie. Ce soir, ce bal est un excellent prétexte. — Un bal ! un bal aujourd'hui ! Chevalier, voyez jusqu'où m'entraîne cet amour : c'est l'anniversaire aujourd'hui de la mort de ma mère, Mme de Rosenthal, qui l'ignore, a ordonné ce bal, sans m'en prévenir, vous le savez; toute la cour est invitée par elle, et maintenant je ne puis empêcher une fête qui dans ce jour est une profanation. Le bal aura lieu, mais du moins qu'elle y vienne.

OTTO, à part.

Il faut cependant que je l'éloigne. (A mi-voix.) Eh bien, comte, je mettrai pour vous en œuvre la quintessence de ma diplomatie. Je vais faire seller un cheval et je reparaîtrai ce soir, escortant un joli masque à la portière de son carrosse.

LE COMTE.

Ah ! vous me rendez la vie !

OTTO, essayant d'entraîner le comte.

Reconduisez-moi jusqu'au château pour me donner mes dernières instructions.

LE COMTE.

Je n'en ai pas d'autres... Adieu!

OTTO, inquiet.

Vous restez ?

LE COMTE.

Oui.

OTTO, à part.

Diable, ceci ne fait pas notre affaire.

LE COMTE.

C'est aujourd'hui, je viens de vous le dire, un triste anniversaire pour ma famille, chevalier. Chaque année je viens secrètement à pareil jour méditer quelques instans dans ce pavillon.

OTTO, à part.

Ciel! comment le détourner...

LE COMTE.

Au revoir, chevalier.

OTTO, passant du côté du pavillon.

Non, je ne souffrirai pas que vous alliez vous noircir l'imagination...

LE COMTE.

Ne craignez rien.

OTTO.

Impossible, vous dis-je. Vous avez besoin d'être gai ce soir pour votre bal... Comte, n'entrez pas, n'entrez pas, je vous en prie.

LE COMTE.

Mais pourquoi donc cette insistance?

SCÈNE VII.

LES PRÉCÉDENS, JOHANN.

JOHANN.*

Monseigneur !...

LE COMTE.

Que me veut-on ?... Retirez-vous.

* Johann, le comte, Otto.

JOHANN.

Un courrier envoyé par Mme la baronne de Rosenthal.

LE COMTE.

Par la baronne?... Où est-il?... où est-il, Johann ?

JOHANN.

Il apporte à monsieur le comte une lettre pressée, à ce qu'il dit.

LE COMTE.

Ah ! courons, chevalier.

OTTO.

Oui, oui, courons bien vite !

JOHANN.

Si monseigneur veut ne pas se déranger, le courrier a quitté à pied le château un peu après moi, il sera ici dans quelques minutes.

OTTO, à part.

Que le diable l'emporte!

LE COMTE.

Va lui dire qu'il se presse; nous l'attendons ici.

OTTO.*

Du tout, monsieur le comte éprouve trop d'impatience pour ne point hâter ce moment.

LE COMTE, à part.

Pourquoi veut-il m'éloigner ?

OTTO, bas au comte.

C'est une attention délicate qui prouve votre amour, et qu'on ne manquera pas de rapporter à la baronne.

LE COMTE.

Allons, soit!

(Il sort par la droite, Johann le précède.)

OTTO, à part.

Ce n'est pas sans peine. (Courant à la charmille où le duc se montre.) Faites échapper la comtesse, vite... je rejoins son mari. (Il sort.)

SCÈNE VIII.

LE DUC, puis LA COMTESSE.

LE DUC, seul.

Hâtons-nous d'assurer sa fuite. (Il ouvre précipitamment la porte du pavillon.) Venez, madame, il n'y a plus de danger.

LA COMTESSE, paraissant.

Oh ! cet horrible aveu !

LE DUC.

Combien je regrette d'être la cause involontaire...

LA COMTESSE, se dirigeant vers le banc de pierre où elle se laisse tomber.

C'est pour vous que j'ai eu la force de me vaincre, monsieur le duc ; sans vous je me serais montrée...

LE DUC.

Remettez-vous, madame !

* Johann, Otto, le comte.

LA COMTESSE.

Mon Dieu! tout cela est donc vrai... je me disais tout cela moi-même; chaque jour je m'en apercevais; ce matin, je le racontais à ma mère... eh! bien, je ne croyais pas; non, je le sens maintenant, là, dans le fond de mon cœur, je ne le croyais pas...

LE DUC.

Rappelez votre courage.

LA COMTESSE.

Monsieur le duc, pardonnez-moi de vous rendre témoin de ma faiblesse, mais cela est si douloureux...

LE DUC.

Je crains que votre mari ne revienne sur ses pas?

LA COMTESSE.

Vous avez raison, duc, il faut que je rentre au château sans qu'il me voie, sans qu'il puisse soupçonner que je connais tout entier son horrible secret.

LE DUC.

Prenez mon bras, madame, et pendant qu'il en est temps encore...

LA COMTESSE, qui s'est levée.

Je ne puis me soutenir, monsieur le duc, cette épreuve a brisé mes forces!

LE DUC.

Venez, madame!...

SCÈNE IX.

LES MÊMES, OTTO.*

OTTO.

Restez, le comte vous a vus, il n'est plus temps de fuir... Cette lettre dénonce votre présence et vous accuse, le comte est furieux... Il faut payer d'audace. C'est lui! laissez-moi faire, et je vous sauve.

(La comtesse se laisse retomber sur le banc.)

SCÈNE X.

LES MÊMES, LE COMTE, VALETS armés.

LE COMTE.

Le voilà! (Aux valets.) Emparez-vous de cet homme.

(Les valets font un pas en avant, Otto les arrête du geste.)

OTTO.**

Doucement! doucement, cher comte! vous avez pensé me faire faire un beau coup!... S'il

* La comtesse, Otto, le duc.
** La comtesse, le comte, Otto, le duc.

n'avait tourné la tête pour se mettre en défense, j'allais tuer le meilleur de mes amis.

LE COMTE.

Comment?

OTTO, avec entraînement.

Eh! oui, cher comte, ce mystérieux personnage qu'on vous dénonce dans cette lettre, n'est autre que le capitaine hanovrien Wilhelm de Neustadt, en fuite pour cause de duel, et à qui le hasard et la maréchaussée ont fait franchir, par mégarde, les frontières de son souverain et les murailles de votre parc... Je vous le présente...

LE COMTE.

Chevalier...

OTTO, l'interrompant.

Vous lui pardonnerez, pour l'amour de moi, cette apparition du loup-garou, et la frayeur mortelle qu'il a causée à Mme la comtesse en tombant, au milieu de sa promenade, d'un mur de quinze pieds de hauteur.

LE COMTE.

Monsieur...

OTTO, serrant la main du duc.

Ce cher Wilhelm... c'est à vous maintenant de remercier M. le comte et Mme la comtesse, qui veulent bien, à ma recommandation, faire accueil à vos excuses et à votre personne.

(Il le fait passer auprès du comte.)

LE COMTE.

S'il est vrai, monsieur, Mme la comtesse et moi, nous serons flattés de vous offrir un asile au château.

OTTO, à part.

Hein?

LE DUC.

Monsieur... je ne sais si je puis accepter...

LE COMTE.

Nous n'admettons pas d'excuses, monsieur; Mme la comtesse joint ses instances aux miennes.

OTTO, à part, avec défiance.

Je n'ai pas réussi à le tromper.

LE COMTE, avec une courtoisie affectée.

Nous avons ce soir un bal au château; des salons, égayés par une fête, seront un asile plus riant que les froids ombrages d'un parc.

LE DUC, à part.

Je pourrai du moins parler à Marie.

LE COMTE.

Allons, voilà qui est convenu. Veuillez offrir votre bras à Mme la comtesse.

(Du geste, il invite le duc à passer auprès d'elle.)

OTTO, à part.

Avant ce soir, il faut qu'il soit parti.

LE DUC, bas à la comtesse, à qui il a offert son bras.

Madame, contenez-vous.

LE COMTE, à part.

Je pourrai à mon aise les observer.

(Il suit la comtesse qui s'est mise en marche avec le duc; Otto le rejoint et cherche, en lui parlant, à détourner son attention.)

ACTE TROISIÈME.

Le salon du premier acte — La table de gauche est enlevée, il ne reste de ce côté qu'un fauteuil.

SCÈNE I.

UN DOMESTIQUE, occupé à ranger, LE COMTE entrant.

LE COMTE, *violemment agité.*
Dites au chevalier qu'il vienne me trouver à l'instant... N'avez-vous pas entendu? Allez. (*Seul.*) Ce doute me tue, il faut que j'en sorte. — Un doute ! — Son trouble quand je l'ai surprise avec ce jeune homme, son embarras depuis qu'il est au château, ces paroles échangées à voix basse... Oui, oui, cette lettre de la baronne ne disait que trop la vérité, et ce récit du chevalier, mensonge ! mensonge ! c'est certain ! Ah ! je garderai quelque temps encore un masque de marbre sur mon visage, mais il ne sera pas dit qu'un misérable séducteur aura le droit de sourire en entendant le nom du comte d'Altenberg ; il n'aura pas introduit dans ma maison impunément la contagion d'un amour criminel. Une preuve, une seule preuve, et par la mémoire de mon père, je vengerai sur eux mon offense!... Mais cela est-il possible ! Amélie... Deviez-vous finir ainsi, bonheur de seize années ! Oh ! nous le pleurerons amèrement tous les deux ! nous le pleurerons... et c'est nous qui l'avons tué.
(*Il se laisse tomber sur un fauteuil à gauche.*)

SCÈNE II.

MARIE, LE COMTE.

MARIE, *entrant toute pensive.*
Accueilli au château... quel espoir !
LE COMTE, *à part.*
Plus d'affection, plus rien autour de moi.
MARIE, *avec crainte, apercevant le comte.*
Mon père !
LE COMTE, *avec un élan de joie.*
Ma fille ! c'est toi, Marie ! Viens, j'ai besoin de te voir... je ne te vois plus... Viens t'asseoir là, auprès de moi.
MARIE.
Oh ! bien volontiers. (*Elle va prendre une chaise placée auprès de la table à droite ; puis, à part, tandis qu'elle se rend auprès de son père:*) Frédéric aurait-il parlé ?

LE COMTE.
Il y a bien long-temps que nous n'avons causé ainsi, Marie.
MARIE, *debout.*
Oui, bien long-temps. Autrefois, vous preniez plaisir à m'interroger, mais depuis deux ans cela ne vous amuse plus ; j'ai cru parfois que vous m'aimiez moins.
LE COMTE.
Je ne te le disais plus aussi souvent.
MARIE.
Plus jamais; vous avez tant d'autres pensées plus graves.
LE COMTE, *sourdement.*
Oui, et cela fait qu'on oublie d'être heureux. (*Regardant sa fille avec une expression d'étonnement.*) Il me semble que je te retrouve après un long voyage. (*D'une voix sombre.*) Comme tu dis, d'autres pensées ont rempli mes jours, et je passais à côté de ma fille sans même songer à l'embrasser. (*Avec attendrissement.*) Marie, pardonne-moi.
MARIE.
Vous pardonner !...
(*Elle embrasse son père et s'assied.*)
LE COMTE, *très ému.*
Cela est pourtant bien doux d'être ainsi, heureux dans sa famille, aimé de son enfant... (*Avec agitation.*) de tous ceux qui doivent vous aimer.
MARIE, *à part.*
Ce changement... Si j'osais lui avouer.
LE COMTE.
Comme tu as grandi... Tu auras bientôt seize ans ?
MARIE.
Oui, mon père.
LE COMTE.
Seize ans ! c'était l'âge de ta mère quand on nous maria ; te voilà comme elle était alors. (*Avec mélancolie.*) Oui, je crois la revoir telle qu'elle m'apparut quand je vins pour la première fois chez son père, le margrave de Gœrlitz. (*Il devient plus rêveur et achève, sans regarder Marie, plutôt songeant que racontant.*) Elle était belle comme toi, et subitement je l'aimai. (*S'animant davantage.*) Et je remerciai le ciel de m'avoir fait assez noble et assez riche pour obtenir sa main ; car j'aurais été bien malheureux si la distance du rang avait mis un obstacle entre nous.
MARIE, *vivement.*
Oh ! oui, vous vous rappelez encore cela... n'est-

ce pas? un père qui refuserait... (Elle se rapproche.) Achevez, achevez, mon père.

LE COMTE, qui est resté profondément rêveur pendant ces paroles de Marie qu'il n'a point entendues.

On nous fiança, mais il me fallut partir pour l'armée... Je ne sais quel charme douloureux je trouve à me rappeler tout cela.

MARIE.

Douloureux! pourquoi?

LE COMTE.

Il y a toujours une grande tristesse dans la mémoire du passé, tu sauras cela un jour... Je partis avec cet anneau de fiançailles...

MARIE.

Il est encore à votre doigt!

LE COMTE.

C'était le gage de sa promesse. (Se levant avec agitation.) Elle la tenue fidèlement.

MARIE, venant auprès de lui.

Quand on aime, n'est-ce pas pour toujours?

LE COMTE, avec une colère sourde.

Pour toujours! (Se modérant.) Oui, oui, c'est pour toujours, cela est vrai... Enfant, tu seras mariée à ton tour, garde bien le serment que tu feras à l'homme qui te donnera son nom; aime-le toujours comme tu dis, car ne te semble-t-il pas que cela doit être affreux de découvrir que le cœur qui vous appartient vous est devenu étranger et que toute affection y est morte pour vous.

MARIE.

Mon père...

LE COMTE.

Tu es modeste et sage, tu n'as jamais quitté ta mère, elle t'a enseigné les douces vertus dont elle t'offrit le modèle jusqu'à présent... (Avec force.) A présent, il faut que je te marie au plus tôt.

MARIE, effrayée, et cherchant à comprendre l'agitation de son père.

Mon Dieu!

LE COMTE, reprenant son calme.

N'as-tu pas seize ans... je choisirai pour toi; ton cœur n'a point parlé.

MARIE, à part.

Ah! j'ai tremblé.

LE COMTE.

Le chevalier Otto est presque le seul homme que tu aies vu, tu ne l'aimes pas?...

MARIE, vivement.

Non.

LE COMTE.

Tant mieux, je préfère que ce soit un autre. Ce soir, parmi les invités qui se rendront au château, je verrai qui sera le plus digne de ma belle Marie.

MARIE, l'interrogeant du regard avec un espoir mêlé d'inquiétude.

Parmi vos invités... (A part.) Sa bonté m'encourage...

LE COMTE.

Pour la première fois tu assisteras à un bal; tu le pourras, car je suis sûr que la comtesse, quoique malade, voudra y paraître.

MARIE.

Oh! oui, elle me l'a promis.

LE COMTE, avec ironie.

Cela devait être : par amour pour sa fille, elle oubliera son indisposition.

MARIE, hésitant.

Et parmi vos invités... n'y aura-t-il pas ce jeune homme arrivé d'aujourd'hui, l'ami du chevalier?

LE COMTE, violemment.

Pourquoi me dis-tu cela?

MARIE, effrayée.

Mon père!

LE COMTE, avec une explosion de colère.

Quelle est ta pensée? Ce jeune homme est-il connu de quelqu'un ici?... Parle, explique-toi...

MARIE, dans le plus grand trouble.

N'est-il pas accueilli par vous?...

LE COMTE, la voix calme.

C'est donc par simple curiosité que tu m'as parlé de lui?...

MARIE, tremblante.

Oui, oui... sans doute.

LE COMTE, à part.

Insensé que je suis!... Si une fille pouvait soupçonner sa mère, viendrait-elle ainsi...

MARIE, à part.

Oh! je n'oserai jamais...

LE COMTE, avec tendresse.

Pourquoi t'éloigner de moi? Ne t'effraie pas de ma brusquerie... Un homme n'a pas, comme une mère, la voix douce et caressante; mais tu vois bien que je t'aime, puisque je m'occupe de ton bonheur, de ton mariage. (Il attire Marie et lui caresse les cheveux.) Songe bien à ce que je t'ai dit, ma belle Marie : fille ou épouse, ne dévie jamais de la ligne du devoir... (Avec une agitation croissante.) Car lorsque le déshonneur est jeté sur un homme par celle qui porte son nom... cet homme... (Très violemment.) il faut qu'il tue!

MARIE.

Ah! (Elle recule épouvantée.)

LE COMTE, avec douceur.

Qu'as-tu donc?

MARIE.

Mon père, vous me faites peur.

LE COMTE, allant auprès d'elle.

Que peux-tu craindre? tu ne seras jamais coupable, n'est-ce pas? Eh bien! embrasse-moi.

SCÈNE III.

MARIE, LE COMTE, OTTO.

OTTO.

Cher comte, vous m'avez fait appeler ? Mademoiselle Marie... (Il la salue; puis au comte.) Je viens vous dire que je pars; mais je serai de retour ce soir, comme nous en sommes convenus... J'ai fait seller deux chevaux, persuadé que vous voudrez bien en prêter un à mon ami, qui part de son côté.

LE COMTE et MARIE, vivement tous les deux.

Partir!

OTTO.

J'ai fait l'impossible, en me promenant dans le parc avec lui, pour qu'il restât au moins jusqu'à demain, mais il ne m'a donné de si bonnes raisons...

LE COMTE, violemment agité.

Il part, dites-vous?...

MARIE, à part, avec épouvante.

Il part!

OTTO.

Obligé de fuir, vous comprenez... Il s'en ira probablement en France.

MARIE, à part.

O ciel! perdue! Il faut tout avouer... (Fiévreusement et avec terreur.) Mon père...

LE COMTE, brusquement.

Marie, laisse-nous.

MARIE, à part.

Quel regard!

LE COMTE.

Retourne auprès de ta mère.

MARIE, à part, désespérée.

Ma mère!... A elle, oui, je vais tout lui dire ! (Elle entre précipitamment dans l'appartement de la comtesse, à gauche.)

SCÈNE IV.

LE COMTE, OTTO.

OTTO.

Le capitaine ne peut tarder à venir.

LE COMTE, avec une intention marquée.

Chevalier, êtes-vous mon ami?

OTTO.

Cher comte, cette question...

LE COMTE, résolument.

C'est bien; vous l'êtes, je le crois. Maintenant, voici comment je comprends, moi, les devoirs auxquels ce titre engage: si je savais une chose qui intéressât le repos de celui qui est mon ami,

LA COMTESSE D'ALTENBERG.

et que mon ami l'ignorât, je me croirais obligé de lui dire toute la vérité, quelque cruelle qu'elle fût.

OTTO, se donnant de l'assurance.

Parbleu! c'est tout à fait mon système.

LE COMTE, lentement, avec un regard profond.

Chevalier, n'avez-vous rien à me dire?

OTTO, un peu embarrassé.

Comte, si vous le prenez sur ce ton... je me vois obligé de vous dire que le prince de Valdeck pourrait bien vous enlever Mme de Rosenthal.

LE COMTE.

Il ne s'agit pas de Mme de Rosenthal, mais de ce capitaine hanovrien.

OTTO.

Ah! ce cher Wilhem de Neustadt!

LE COMTE.

Avant qu'il s'éloigne, promettez-moi que jamais, pour quelque cause que ce soit, je n'aurai à regretter de l'avoir laissé partir.

OTTO, à part.

Diable!

LE COMTE.

Songez que vous êtes mon ami, et répondez-moi.

OTTO, se remettant de son trouble.

Eh bien! comte, apprenez que vous pourriez bien, cette nuit même, avoir à regretter le départ du capitaine, car c'est un excellent valseur, et toutes vos dames ne manqueraient pas d'en raffoler.

LE COMTE.

Est-ce le regret que je dois avoir?... Songez que je me fie à votre parole.

OTTO.

Je vous donne ma parole qu'il valse à ravir; voilà tout ce que je sais.

LE COMTE, à part.

Ce départ doit-il me rassurer?

OTTO.

Eh! le voilà qui vient vous faire ses adieux.

SCÈNE V.

LES MÊMES, LE DUC.*

LE DUC.

Oui, monsieur le comte, en vous remerciant de l'hospitalité que vous m'avez offerte, je viens vous témoigner mon regret de ne pouvoir en profiter plus long-temps.

LE COMTE.

Nous devons nous plaindre, monsieur, d'une résolution prise aussi subitement.

* Il entre par la droite. Position : le duc, le comte, Otto.

OTTO.
Le capitaine, je vous l'ai dit, m'a donné de si bonnes raisons..

LE COMTE.
Renoncer à un bal que vous deviez ouvrir avec la comtesse d'Altenberg !

OTTO.
Oh ! c'est un sacrifice...

LE DUC.
Bien grand, je l'avoue...

OTTO.
Mais le capitaine m'a si bien démontré...

LE DUC.
Il ne m'est pas permis de donner mes heures au plaisir... Adieu, monsieur le comte.

LE COMTE, le suivant, comme s'il hésitait à le laisser échapper.
Ainsi rien ne peut vous retenir?...

OTTO, à part.
La comtesse !

SCÈNE VI.

Les mêmes, la COMTESSE.

LA COMTESSE, entrant précipitamment, pâle et bouleversée ; elle s'arrête à la vue du comte.
Ciel ! avec mon mari ! *

LE COMTE.
Vous arrivez à propos, madame.

LA COMTESSE, à part.
Ma fille ! ma fille !

LE COMTE, au duc.
Vous ne pouviez, sans prendre congé de la comtesse, quitter ainsi pour toujours notre château.

LA COMTESSE, au duc.
Monsieur, vous ne partirez pas !

LE COMTE, près d'éclater.
Madame !

LE DUC, à part.
Que dit-elle ?

LE COMTE, se modérant.
C'est votre devoir, en effet, de chercher ainsi à retenir notre hôte.

LA COMTESSE, avec une amabilité fiévreuse.
Il faut, n'est-ce pas? que monsieur reste à notre bal... Vous m'avez recommandé d'insister... (Au duc.) Vous ne pouvez me refuser, monsieur, il faut que vous restiez.

LE COMTE, à part.
Comme elle se trahit !

LE DUC, à part.
Marie aurait-elle parlé?

OTTO.
Quel que soit l'attrait que cette fête ait pour

* Le duc, le comte, la comtesse, Otto.

mon ami, je dois le maintenir dans sa résolution...
Il serait imprudent, madame la comtesse, qu'il restât ici davantage ; si quelqu'un devinait... son duel, vous comprenez...

LA COMTESSE, à part.
Que dire... que dire?

LE DUC.
Recevez mes adieux, madame ; permettez-moi de partir, et bientôt...

LE COMTE, vivement, à part.
Bientôt!... Il reviendra!

OTTO.
Allons, capitaine, allons, la nuit ne va pas tarder.

LA COMTESSE.
Monsieur...

LE COMTE.
N'insistons plus, comtesse, puisque monsieur paraît avoir de graves motifs.

LA COMTESSE, à part.
Mon Dieu ! mon Dieu !

LE DUC, à part.
A prix d'or, une lettre à Marie! il faut que pendant le bal elle vienne au pavillon.

OTTO, quittant la fenêtre où il est allé jeter un coup d'œil.
Les chevaux sont prêts.
(Il passe auprès du duc.)

LE COMTE.
Ce qui diminue mes regrets, capitaine, c'est l'idée que nous nous reverrons.

LE DUC.
Je l'espère, monsieur le comte.

OTTO, à part.
Et moi j'espère bien que non.

LE DUC.
Adieu, madame la comtesse.

OTTO.
Allons, allons !   (Il entraîne le duc.)

LA COMTESSE, fiévreusement.
Il part !
(Elle fait deux pas vers le duc qui s'éloigne.)

LE COMTE, l'arrêtant.
J'accompagne monsieur jusqu'au seuil du château.   (Il sort.)

SCÈNE VII.

LA COMTESSE, seule, se jetant avec désespoir sur un fauteuil.

Marie! ma pauvre fille ! perdue ! déshonorée !
Un homme à qui j'avais donné asile ! Oh ! c'est infâme. Il lui a dit qu'il l'épouserait... tandis qu'on le fiançait de son gré à la princesse de Hanovre. (Se levant.) Un duc, le premier gentilhomme de ses états, mentir... mentir à une pau-

vre jeune fille... Et je le laisserais partir !... Non, non. (Elle fait quelques pas pour sortir.) — Mais le comte ! mon mari, est là... il est là, auprès de lui ; il m'a semblé qu'il soupçonne quelque chose... et s'il apprend que sa fille... (Elle marche avec agitation.) Oh ! ce serait la mort ! — (Elle se laisse retomber sur le fauteuil.) Ma belle Marie ! souvent j'ai rêvé qu'elle était morte; mais déshonorée !... (Pleurant.) Ah ! même dans un rêve, je n'avais jamais pensé à cela. — S'il part, ils vont le marier à cette princesse Ulrique... Je ne veux pas. — Les engagemens de sa politique, voilà ce qu'il va m'objecter, à présent qu'il a séduit ma fille ; il me dira que l'intérêt de sa couronne.. (Se levant brusquement.) Eh ! que m'importe sa couronne ! qu'il y renonce... Je ne puis pas renoncer au bonheur de ma fille, moi ! — Ma pauvre Marie ! si pure, si heureuse jusqu'à présent... Oh ! c'est affreux ! c'est affreux ! Et je me trouvais à plaindre ce matin ! Ah ! qu'ai-je donc fait au ciel pour qu'il m'accable ainsi ? Mon Dieu, mon Dieu ! que vous ai-je fait ? Mais ce n'est pas de pleurer qu'il s'agit, le temps presse, il faut l'empêcher de partir. (Elle s'élance vers la porte, le comte paraît.) Mon mari !

SCENE VIII.

LE COMTE, LA COMTESSE.

LE COMTE.
L'heure avance, madame, et vous ne songez pas à vous préparer pour le bal.
LA COMTESSE.
Pardonnez-moi, monsieur le comte, je me disposais. (A part.) Oh ! si le duc était parti !
LE COMTE.
Vous avez l'air inquiet, comtesse ?
LA COMTESSE.
Non, non, je vous assure. (A part.) Chaque minute qui s'écoule...
LE COMTE.
Moi-même, je me sens assiégé de mille terreurs bizarres, de mille sombres pensées.
LA COMTESSE, distraite et agitée.
Vous, monsieur ?
LE COMTE.
Je songe à la mort de ma mère... ma mère que j'aimais tant...
LA COMTESSE, machinalement.
Votre mère.
LE COMTE.
C'est à pareil jour que là-bas, dans ce pavillon isolé, elle perdit la vie... à votre âge... Vous savez de quelle manière et pour quelle raison.
LA COMTESSE.
Oui, je n'ignore pas... (A part.) Il ne sera plus temps !

LE COMTE.
Vous ne m'avez jamais dit votre opinion sur ce meurtre, commis par mon père pour venger la foi trahie. Que pensez-vous de cette action ? Répondez-moi, madame ?
LA COMTESSE, toujours préoccupée.
Monsieur, vous me demandez ?...
LE COMTE.
C'est votre opinion surtout que je désire connaître aujourd'hui.
LA COMTESSE, cherchant à se rappeler ce que vient de lui dire son mari.
Mon opinion... sur quoi, dites-vous ?... La foi trahie ?.. — une femme que son mari abandonne ?... Mais vous me parlez de votre père... Expliquez-moi ce que vous voulez me dire, car je ne vous comprends pas.
LE COMTE, avec solennité.
Je vous demande si mon père doit être approuvé pour avoir lavé son outrage dans le sang de sa femme ?
LA COMTESSE.
Si elle était coupable en effet... s'il a bien jugé sur des preuves irrécusables...
LE COMTE.
Il a pu agir comme il a fait, n'est-ce pas ?
(Il saisit le bras de sa femme.)
LA COMTESSE, à part, lentement.
Est-ce moi qu'il soupçonne ?
LE COMTE.
Qu'avez-vous donc, madame ?
LA COMTESSE, interdite.
Vous savez bien que je suis souffrante, monsieur le comte, vous le savez bien !
LE COMTE, ironiquement.
Pourtant, quoique malade, vous avez quitté votre appartement sans motif.
(On entend un son de cor.)
LA COMTESSE, tressaillant.
Quel est ce bruit ?
LE COMTE.
Il nous annonce le départ du chevalier et de notre hôte.
LA COMTESSE.
Ah !
LE COMTE, à part.
Comme elle se trouble !
(Il s'approche de la fenêtre.)
LA COMTESSE, à part.
Il va partir... partir !
LE COMTE, regardant au dehors.
Le pont du château s'abaisse. Les voilà qui montent à cheval.
LA COMTESSE, convulsivement.
Je ne pourrai pas lui parler !
LE COMTE.
Ils s'éloignent !
LA COMTESSE.
Mon Dieu ! mon Dieu !

LE COMTE.
Ils sont déjà au milieu de l'avenue. Notre hôte se retourne et regarde cette fenêtre.

LA COMTESSE, à part.
Oh! ma tête se perd... il faut que je coure...
(Elle s'élance jusqu'à la porte du fond.)

LE COMTE, violemment.
Où allez-vous?

LA COMTESSE, arrêtée devant la porte.
Je descends un instant dans le parc, monsieur le comte, j'étouffe ici, j'ai besoin de marcher.

LE COMTE, d'un ton impérieux.
Restez! (Il va se placer devant la porte, la comtesse recule, il la suit.) Comme vous voilà pâle... votre main tremble... Vous êtes plus malade que vous ne le pensez, comtesse; ne sortez pas, vous ferez bien de vous enfermer chez vous et de ne point paraître au bal. Songez qu'une imprudence peut vous coûter la vie... Adieu... songez à mon conseil. (Il sort.)

LA COMTESSE, avec désespoir.
Marie, ma pauvre Marie! perdue, perdue!

ACTE QUATRIÈME.

Une salle dans le pavillon du parc. — Architecture gothique. — Au fond, une large estrade avec deux marches. — Sur l'estrade, un grand fauteuil, dans le style du bâtiment. — Au dessus du fauteuil, sur la tapisserie, une armoirie surmontée d'une couronne comtale fermée. — Une porte à droite. — Au fond, tout contre l'estrade, une autre porte masquée par une tapisserie. — Une troisième porte, à gauche, sur le second plan; sur le premier, une fenêtre. — Un fauteuil de chaque côté de la salle. — Contre la fenêtre, un portrait de femme, à mi-corps, d'un ton sombre, et recouvert d'un rideau noir. — Une lampe funèbre suspendue au plafond. — En face du portrait, une épée attachée à la muraille. — Il fait nuit.

SCÈNE I.

LE COMTE, JOHANN.

LE COMTE, entrant par la gauche.
Débarrasse-moi de ce manteau. Un froid glacial tombe de ces voûtes... Ma tête me brûle. Quelle heure est-il?

JOHANN.
Neuf heures, monsieur le comte.

LE COMTE, serrant convulsivement un papier.
Oh! cette lettre! cette lettre!... Douterai-je encore, à présent? dirai-je encore : C'est impossible! Non, les preuves ne sont que trop réelles!... L'infâme! chacun de ces mots la condamne et justifie ma vengeance. (Lisant.) « Je ne puis » m'éloigner, chère âme, sans te revoir encore. » Ce soir, à dix heures, je serai dans le pavillon » du parc. Il faut absolument que je te parle. Le » tumulte de la fête, l'obscurité de la nuit protégeront ta sortie. Viens, au nom de notre amour, » viens. » Ce ne sera pas vainement que ce pavillon maudit se sera rouvert après quinze années d'oubli. O mon père! pardonnez-moi mes blasphèmes!... — Johann!

JOHANN.
Plaît-il, monseigneur?

LE COMTE.
Cette lettre! cette lettre! redis-moi comment elle est tombée en ton pouvoir. Ce soir, n'est-ce pas? au commencement du bal, une femme de la comtesse l'a reçue mystérieusement des mains de ce jeune homme trouvé ce matin dans le parc?

JOHANN.
Oui, monseigneur, avec ordre de la remettre à une femme vêtue d'un domino qu'il a désignée comme je vous l'ai dit.

LE COMTE.
Le costume destiné à Marie! Empêcher cette enfant de paraître au bal, afin de pouvoir s'y rendre elle-même! malgré ma défense... Elle a pensé que j'allais ne pas la reconnaître sous le costume de sa fille... Et tout cela était convenu avec lui... Ce départ n'était qu'une feinte! Johann, qu'as-tu fait de la servante à qui tu as arraché ce billet?

JOHANN.
Elle est en bas, monseigneur, gardée à vue.

LE COMTE.
Laisse-la libre; qu'elle rentre dans le bal.

JOHANN.
Quoi! monsieur le comte...

LE COMTE.
Qu'elle rentre dans le bal, te dis-je, et qu'elle s'acquitte de son message. (Il remet la lettre à Johann.) Toi, tu seras derrière elle, masqué. Qu'elle ne dise pas un mot! qu'elle ne fasse pas un signe! Tu observeras la comtesse, tu écouteras sa réponse, et tu viendras après me rapporter ce que

tu auras vu ou entendu. Dis à Ludowig d'introduire près de moi... l'homme qui a tué ma mère.
JOHANN, allant soulever la tapisserie de la porte contre l'estrade.
Le voici, monseigneur.
LE COMTE, avec terreur.
Déjà !
(Il se laisse tomber sur le fauteuil auprès du portrait. — Johann sort.)

SCÈNE II.

LE PRISONNIER, LE COMTE.

LE PRISONNIER, tombant à genoux, à quelque distance du comte.
O monseigneur ! merci !
LE COMTE.
Plus loin ! plus loin ! relève-toi !
LE PRISONNIER.
Vous avez eu pitié de quinze années de souffrances passées dans les horreurs d'un cachot... Soyez béni !
LE COMTE.
Relève-toi, te dis-je, tu ne me dois rien.
LE PRISONNIER.
Il est si doux de vivre, de revoir la clarté du ciel !
LE COMTE, à part.
Pauvre vieillard ! Quelques jours de vie valent-ils toute cette joie ! (Haut.) Écoute : j'ai été injuste à ton égard. Trop jeune alors, je ne comprenais pas ce que vaut le dévoûment d'un serviteur comme toi. Tu n'avais fait pourtant qu'exécuter les ordres de mon père, et mon père était un homme sage et réfléchi.
LE PRISONNIER.
Né sur les domaines de monseigneur, je lui appartenais comme les épis de ses champs, comme les fruits de ses vergers, comme les bêtes de ses étables. Il a disposé de moi comme il lui a plu.
LE COMTE.
Je prétends réparer le mal que je t'ai causé. Demande-moi ce que tu voudras.
LE PRISONNIER.
Je n'ai d'autre désir que de finir mes jours à votre service, monseigneur, comme je les ai commencés au service de monseigneur votre père.
LE COMTE.
Et tu me servirais comme tu l'as servi, avec cette même fidélité aveugle et sans bornes ?... Approche, et dis-moi, sans en omettre un détail, comment se passèrent les choses dans cette mémorable nuit où le comte, mon père, employa ton bras pour punir...

LE PRISONNIER.
Monseigneur...
LE COMTE.
Je le veux. Mais ne te tiens pas si loin de moi ; approche, je te le répète.
LE PRISONNIER.
Monseigneur, la comtesse votre mère... Mais je n'oserai jamais...
LE COMTE.
Parle donc, c'est moi qui te l'ordonne.
LE PRISONNIER.
C'était par une nuit aussi noire que celle-ci, dans cette même salle où nous sommes. Le feu comte votre père me plaça derrière cette porte entr'ouverte, et, me montrant du doigt un jeune homme et une femme qui se parlaient à voix basse : « Frappe ! » me dit-il, et il me poussa devant lui avec une épée nue dans la main. Cette épée, la voici suspendue à cette muraille. (Il va prendre l'épée et revient auprès du comte.) Oui, je la reconnais... c'est bien elle, encore tachée de rouille... ou de sang, je ne sais...
LE COMTE, laissant tomber l'épée, qu'il avait saisie.
Le sang de ma mère !... (Il réprime sa terreur et ajoute, avec un calme affecté :) Continue, continue.
LE PRISONNIER.
Alors je me précipitai sur les personnes que mon maître m'avait désignées, et du premier coup j'abattis le jeune homme à mes pieds ; puis, me retournant vers la femme, une belle et jeune femme que je n'avais jamais vue, et que je ne savais pas être la comtesse votre mère... (Il se remet à genoux tout près du comte.) Ah ! monseigneur ! quels regards elle me jeta ! quelle pâleur sur son visage !... Mes yeux ne voyaient plus... l'épée tremblait dans ma main... Pardonnez-moi, je ne pourrai jamais achever ce récit...
LE COMTE, dominant son émotion.
Achève ; tu vois bien que je suis calme. Achève, je le veux.
LE PRISONNIER.
Enfin... la femme tomba aussi. Regardez ! là ! sous vos pieds, monseigneur ! c'est là, sur cette dalle ! Il y a encore une tache à la place où tombèrent les deux corps.
LE COMTE, se levant épouvanté.
Va-t'en ! va-t'en ! laisse-moi seul... (Il traverse la scène dans le plus grand trouble, puis, avec calme et résolution :) Ramasse cette épée.
LE PRISONNIER, après avoir obéi, levant les yeux sur le comte, dont il devine les projets.—Sourdement.
C'est ainsi que me regardait... votre père.
LE COMTE, lui montrant la porte masquée.
Attends-moi là.

SCÈNE III.

LE COMTE, seul, revenant à l'endroit que lui a indiqué le prisonnier.

Ce sang, hélas! c'est celui de ma mère, et c'est mon père qui le versa! Ici le meurtre, mais là le déshonneur! L'un tua le corps... mais l'autre avait tué l'âme! A Dieu seul de juger. Et pourtant la cause de mon père est la mienne; c'est le même crime, c'est le même bourreau. Ainsi que mon père, je dois compte aux miens du dépôt sacré de leur honneur, qui me fut confié. Oui, mon père fit bien; et ce n'est pas assez que je l'approuve, il me le faut imiter. Ma pauvre mère, est-ce à moi de la maudire!... Voici son image et le voile funèbre dont je la recouvris le jour où je fermai moi-même les portes de ce pavillon. Si elle fut un jour une épouse coupable, jamais elle ne cessa d'être une mère aimante et adorée. Qu'une fois encore je la revoie! (Il fait glisser le voile.) C'est bien elle! Pauvre femme! si jeune, si belle, douée de tous les avantages qui font chérir la vie! Mourir si jeune et si malheureuse! oh! c'est affreux! (Il pleure.) Son dernier embrassement fut pour moi, son dernier vœu fut pour le bonheur de son unique fils! Qu'est-il devenu, ma mère, ce bonheur que vous invoquiez pour moi?... Amélie aussi est belle et séduisante comme vous l'étiez; comme vous, elle aime et chérit son unique enfant; et pourtant elle aussi, ma mère, elle va comme vous mourir... mourir d'une mort cruelle et déplorable! Adieu! ma mère! adieu!... Voilons ce portrait, car j'ai besoin de tout mon courage et de toute ma raison... (Marchant avec agitation.) Mais si cette raison n'était qu'une démence infernale... si ce courage n'était qu'une lâche cruauté... si je m'abusais... si mon Amélie était toujours cet ange de pureté que bénissent les malheureux?... Tant de vertu, tant de piété, un si long dévoûment tant de fois éprouvé, tout cela ne serait-il qu'hypocrisie et mensonge?... Oh! si je pouvais douter! si, en cherchant la preuve du crime, je pouvais trouver le moindre indice de son innocence!... Allons, jusqu'au retour de Johann, rien n'est prouvé encore. (Johann entre.) Le voici! que va-t-il m'apprendre?

SCÈNE IV.

LE COMTE, JOHANN.

JOHANN, d'un ton sinistre.
Monseigneur...

LE COMTE.
Eh bien? la comtesse?...

JOHANN.
A reçu le billet.

LE COMTE, répétant avec inquiétude, appuyant sur chaque mot.

Elle l'a reçu?.. (Après un silence.) Et qu'a-t-elle répondu?

JOHANN.
Qu'elle allait venir.

LE COMTE.
Elle viendra!

JOHANN.
Quittant aussitôt les salons, elle s'est élancée dans le parc. Elle est sur mes pas.

LE COMTE.
Elle viendra... C'est donc là la vérité!
(Il tombe anéanti sur le fauteuil qui se trouve derrière lui.)

JOHANN, allant à la fenêtre.
Voyez, monseigneur: n'est-ce pas Mme la comtesse qui accourt de ce côté?

LE COMTE, courant à la fenêtre.
Oui, c'est bien elle! Dans son empressement, elle a devancé l'heure. (Se retournant vers Johann.) Toi, dans le parc, en embuscade. Je retourne au château. Que les portes de ce pavillon se referment sur l'homme qui va venir, et tu m'avertiras aussitôt. (Regardant par la fenêtre.) Elle a franchi le seuil. Allons, plus de pitié; le juge remplace l'époux. Viens, et sur ta tête, pas un mot de ce qui va se passer ici. (Ils sortent par la porte masquée.)

SCÈNE V.

LA COMTESSE, entrant par la gauche. Elle est en toilette de bal, sous un domino de satin noir.

Le ciel soit loué!... j'arrive à temps... C'est donc ici... Ce silence... cette lampe funèbre... le souvenir de cette femme assassinée... Je n'ose faire un pas... Il me semble que c'est pour n'en plus sortir que je suis entrée dans ce tombeau... Allons, du courage, c'est l'heure. (Elle s'avance jusqu'au fauteuil à droite et s'y assied.) Le duc va venir. Oh! je l'avais bien reconnu, du haut de cette fenêtre où j'étais assise, dans l'ombre, écoutant la musique de cette fête qui me navrait le cœur... Je l'avais vu se glisser entre les arbres du parc, et donner ce billet. Ah! monsieur le duc! c'est une mère qui vient remplir un devoir solennel, une mère qui vient au rendez-vous donné à sa fille, pour dire au séducteur de cette malheureuse enfant: « Nous mourrons toutes deux de votre crime, s'il ne vous plaît pas de le réparer! » (Elle se lève et marche avec agitation.) S'il allait refuser!.. Mais il ne faut pas pourtant que ma fille reste déshonorée!... Hélas! le cœur de sa mère lui demeurerait toujours, asile inviolable où le mépris ne l'atteindrait pas... Mais son père la tuerait!... Oh! oui, il la tuerait!... Non pas tant que je serais vivante, pourtant!... Pauvre Marie! si le sacrifice de ma triste vie pouvait te sauver!... Mais je ne suis qu'une femme comme toi; je ne puis rien, rien que pleurer et souffrir!... J'entends marcher, c'est le duc!... J'ai peur!

SCÈNE VI.

LA COMTESSE, LE DUC.

LE DUC.
Marie! ma chère Marie!
LA COMTESSE.
Monsieur le duc!
LE DUC.
La comtesse!
LA COMTESSE.
Je sais tout. L'honneur de ma fille veut une réparation; me l'apportez-vous?
LE DUC.
Madame...
LA COMTESSE.
Marie ne connaît pas ma démarche : c'est moi qui ai reçu votre billet (Elle le montre.) et qui suis venue à sa place. Bénissez le ciel que ce ne soit pas son père!
LE DUC.
Est-ce une menace, madame?
LA COMTESSE.
C'est un avis, Altesse. Mais vous n'avez pas répondu à ma question?
LE DUC.
Je ne chercherai pas à le nier, comtesse, j'aime Marie et j'en suis aimé. Dieu m'est témoin que jamais une autre femme ne fera battre ce cœur qui lui appartient tout entier. Le serment que je lui ai fait, je venais le lui renouveler dans ce moment suprême, où je vais jouer sur un champ de bataille mon honneur et ma vie.
LA COMTESSE.
Vous vous trompez, Altesse, votre honneur, c'est ici que vous l'avez perdu.
LE DUC.
Comtesse!
LA COMTESSE.
C'est bien infâme, ce que vous avez fait! Une famille noble se sacrifie pour vous; une mère, ce qu'il y a de plus sacré au monde, vous cache chez elle, quand vous êtes poursuivi, et vous abusez de sa confiance pour lui voler le seul bien qu'elle possède, sa consolation dans ses peines, sa vie, sa fille, son unique enfant! Est-ce croyable? Vous! un prince! Allez, vous devriez rougir! et je vous le dis entre nous, vous qui voulez un trône, vous ne méritez pas d'être gentilhomme!

LE DUC.
Madame, madame! rappelez votre sang-froid et votre raison.
LA COMTESSE.
Eh! que m'importe à moi que vous soyez le prince, l'électeur, le souverain de ce pays! tout cela ne m'empêchera pas de vous dire que vous êtes un faux ami, un hôte déloyal et sans cœur!... Vous voyez bien, Altesse, que je sais ce que je dis, et que j'ai toute ma raison.
LE DUC, vivement ému et d'une voix presque suppliante.
Madame, assez d'insultes! Quelle preuve exigez-vous de mon amour?
LA COMTESSE.
Que vous renonciez au mariage projeté pour vous.
LE DUC, s'animant.
Je l'ai voulu, madame; ce sont les vôtres qui, pour me donner un trône...
LA COMTESSE.
Eh bien! renoncez au trône!
LE DUC.
Mais nos amis armés pour défendre ma cause? Vous-même me l'avez rappelé : ce serait indigne de les abandonner! Songez à votre frère!
LA COMTESSE.
Mon frère... un message l'avertira... Vos amis... ils se disperseront, ils vous oublieront quand ils sauront que le prétendant n'est plus qu'un homme comme eux; qu'il ne possède plus ni couronne, ni armée, ni sujets; qu'il n'a plus ni trésors, ni places, ni titres à leur distribuer.
LE DUC.
Oh! j'y ai songé plus d'une fois, à ce bonheur modeste et tranquille. Seul avec Marie, dans quelque coin de ce royaume que je dispute à l'ambition d'un rival, j'aurais vécu heureux. Quelques arbres, du soleil, il ne m'en fallait pas davantage, pourvu que je fusse aimé de Marie. Mais ils sont venus me chercher, moi si profondément ignoré du dernier de mes sujets; ils m'ont fait leur étendard, leur général, leur prétendant. La fatalité me pousse, je ne puis plus m'arrêter que mort ou triomphant!
LA COMTESSE.
Et ma fille?
LE DUC.
Vous serez satisfaite, madame, je vous le jure.
LA COMTESSE.
Eh! que pourrez-vous donc lorsque vous serez sur le trône? que pourrez-vous quand vous aurez

conclu votre royale alliance?... Marie, ma pauvre Marie, vous la laisserez mourir dans l'abandon, dans le mépris!

LE DUC, avec chaleur.

Non, non, madame, croyez...

LA COMTESSE.

Eh! que pourrez-vous, encore une fois? Avez-vous pensé, par hasard, qu'en la mariant à quelqu'un de vos courtisans, tout sera dit et que vous serez quitte envers elle?... Mais vous oubliez donc quel est son père, monseigneur... vous ne savez donc pas que dans notre famille toute injure veut du sang?

LE DUC.

Plus tard, vous me rendrez justice, mais avant tout, laissez-moi sauver mes amis.

(Il fait quelques pas pour sortir.)

LA COMTESSE, le saisissant par le bras.

Non! vous ne me quitterez pas ainsi.

LE DUC.

On va se battre là-bas, madame, c'est vous qui me l'avez dit... C'est pour moi que ce sang va couler, pour moi qui ne serai pas là!...

LA COMTESSE, avec énergie.

Je veux une réponse!

LE DUC.

Par pitié, ne me retenez pas!... le jour peut me surprendre!

LA COMTESSE, lui faisant signe de se taire, avec un effroi subit.

Ecoutez!...

LE DUC.

Madame, quel est ce bruit?... Vous n'êtes pas seule ici... on marche autour de nous...

LA COMTESSE.

Ah! les soupçons du comte... (Elle court à la porte par où elle est venue.) Fermée!

LE DUC, écoutant du côté de la porte à droite.

On vient, madame... (Courant vers la comtesse.) Que se passe-t-il ici... qu'y a-t-il?

LA COMTESSE.

Il y a... il y a que nous sommes perdus tous les deux!

(Quatre gardes du comte entrent par la porte à droite.)

LE DUC, tirant son épée.

Trahison!

SCÈNE VII.

LES MÊMES, LE COMTE, JOHANN ET DEUX AUTRES GARDES, entrant derrière le comte par la porte masquée.

LE COMTE, gravissant d'un bond l'estrade où est le fauteuil de justice.

Oui, trahison infâme! dont toi et la complice vous allez rendre compte à votre juge.

LA COMTESSE.

Ah! monsieur, écoutez-moi!

LE DUC.

Vous! il ose vous soupçonner!... Malheureux! n'attentez pas à sa vie!

LE COMTE, à ses gardes.

Emmenez-le.

LE DUC, se défendant contre les gardes qui l'entourent.

N'approchez pas!

LA COMTESSE, à genoux sur les marches de l'estrade.

Monsieur, je vous en supplie! point de violence!

LE COMTE, à ses gardes.

Allez... Il répondra quand je l'interrogerai.

(On entraîne par la droite le duc désarmé.)

LA COMTESSE.

Si vous saviez!... Je vous dirai tout...

LE COMTE, descendant de l'estrade et entraînant la comtesse par le bras.

De votre aveu, madame, le vieux comte d'Altenberg eut raison de laver son offense dans le sang de sa femme.

LA COMTESSE.

Si elle était coupable, mais...

LE COMTE.

Et moi j'ai dit... qu'un véritable gentilhomme, un comte immédiat de l'empire, était seul juge des crimes commis par les siens. J'ai dit... que si ma femme ou ma fille, ou quelqu'un de mon nom, venait à forfaire, ce serait ma justice qui enverrait le coupable devant le vrai juge qui est là-haut.

LA COMTESSE, avec terreur.

Votre fille! (Avec plus de calme.) votre femme... ou quelqu'un de votre nom... (A part.) Oui, oui, je m'en souviens.

LE COMTE.

Nous sommes ici, vous le savez, dans la salle de justice des comtes mes ancêtres, et cet asile de mort que vous avez osé profaner, est le lieu qui vit périr ma mère. Madame, vous êtes accusée, défendez-vous, le juge est prêt à prononcer.

LA COMTESSE, à part.

Lui dire... Oh! non, qu'il ne devine pas!

LE COMTE.

Dieu m'est témoin que c'est avec le désir de vous trouver innocente, qu'ici je vous interroge. Ce jeune homme, que faisait-il ce matin caché dans le parc? Répondez-moi, j'attends?...

LA COMTESSE, à part, presque sans voix.

Ma fille!

LE COMTE.

Pourquoi ce départ simulé? pourquoi ce retour? pourquoi ce rendez-vous? Il y va de la vie, madame, répondez-moi?

LA COMTESSE, de même.

Ma fille!

LE COMTE.

Ainsi, vous ne trouvez pas même un mensonge pour voiler votre honte?

LA COMTESSE.

Ma fille! ma fille!

LE COMTE.

Mais vous avez raison, ne cherchez pas d'excuse, car la preuve, la preuve irrécusable, c'est ce billet plein d'amour. (La comtesse, par un mouvement involontaire, porte les mains sur le billet qu'elle a mis dans son sein.) Oh! ne le cachez pas, je l'ai lu avant vous, c'est moi qui vous l'ai fait parvenir.

LA COMTESSE.

Mon Dieu! mon Dieu!

LE COMTE.

Maintenant, ai-je été plus circonspect que mon père? ai-je bien tout pesé, et puis-je punir votre crime sans que ma conscience, ou la vôtre, ait rien à me reprocher? (Appelant.) Johann!

LA COMTESSE, se traînant après lui.

Monsieur, écoutez-moi, je ne puis me justifier en ce moment... tout semble m'accabler en effet; mais croyez-le, je suis toujours la même... Si vous voulez un serment...

LE COMTE.

Un serment...(Il la repousse et appelle.) Johann!...

LA COMTESSE, à genoux.

Non, non, ne le tuez pas!

LE COMTE.

Ah! il vous est donc bien cher?...

SCÈNE VIII.

LES MÊMES, JOHANN, LE DUC, entouré par les gardes qui l'ont emmené. Par la porte du fond entrent au même instant des valets avec des torches.

LE COMTE, avec énergie.

A moi! vous tous... Approchez, on peut m'entendre; ce n'est pas un homme outragé qui se venge dans l'ombre, c'est un justicier qui prononce une sentence.

(Il se dirige vers l'estrade pour y monter.)

LE DUC, s'élançant au pied de l'estrade, en face du comte.

Arrêtez! comte d'Altenberg... Moi aussi, j'ai mon droit de justice, il est au dessus du vôtre; c'est à moi de m'asseoir sur ce tribunal, à moi de vous juger. Je suis le duc Frédéric-Auguste de Saxe.

LE COMTE, reculant.

Vous!

LE DUC, gravissant les marches.

Votre légitime souverain.

(Il ouvre son uniforme et montre sur sa poitrine le grand-cordon de son ordre. Les gardes du comte mettent chapeau bas.)

LA COMTESSE.

Ah! prince! vous vous êtes livré!

LE DUC.

A la foi d'un gentilhomme, et du haut de ce tribunal, je lui dis : Comte d'Altenberg, moi, l'électeur de Saxe, je casse l'arrêt que tu viens de prononcer. Plus tard tu connaîtras le mystère de cette entrevue; je te jure que la comtesse ta femme est innocente, je te le jure par la mémoire de mon père, qui fut ton bienfaiteur, et qui emporta dans la tombe ton serment de fidélité.

LA COMTESSE, à part.

Que va-t-il résoudre?

LE DUC.

Dans trois jours, comte, je te donne rendez-vous ou chez moi dans le palais électoral, ou chez toi... Et maintenant, fais ouvrir les portes de ce pavillon, car je vais conquérir mon trône dans les plaines de Dresde.

(Il descend auprès du comte.)

LE COMTE, avec énergie.

Duc, je suis le maître ici, et, après Dieu, l'empereur d'Allemagne a seul le droit de casser mes jugemens. Tels sont nos privilèges, que je maintiendrai contre tous. (Avec calme.) Mais je ne porterai pas une main sacrilège sur le fils de Christian VII. Souffrez, Altesse, que je guide moi-même votre fuite.

LE DUC.

Venez donc; mais je ne vous quitterai pas que vous ne m'ayez juré de respecter les jours de la comtesse.

LE COMTE, sans lui répondre, à ses valets.

Allons, des flambeaux!... Faites cortège autour du prince Frédéric-Auguste!

(Il reprend des mains de Johann et rend au duc son épée.)

LA COMTESSE, à part.

Merci, mon Dieu! la vie de ma fille est sauvée!

FIN DU QUATRIÈME ACTE.

ACTE CINQUIEME.

Le salon du premier acte.

SCÈNE I.

OTTO, assis, JOHANN, debout auprès de lui.

OTTO.
Quelle terrible nuit !
JOHANN.
C'est à faire frémir, monsieur le chevalier.
OTTO.
Et ce matin, que fait le comte ?
JOHANN.
Il s'est enfermé dans sa chambre, et a défendu que personne vînt l'y troubler.
OTTO.
Quel air avait-il ?
JOHANN.
Il était pâle, et j'ai cru voir des larmes dans ses yeux.
OTTO, se levant.
Il a pleuré !
JOHANN.
Ça ne lui était pas arrivé, monsieur, depuis la mort de sa mère. Mais le voici.
OTTO.
Laisse-moi seul avec lui.

SCÈNE II.

OTTO, LE COMTE.

LE COMTE.
Ah ! c'est vous, chevalier !.. Comme mon hôte, comme mon ami, vous venez sans doute vous informer...
OTTO.
Je sais tout, monsieur.
LE COMTE.
C'est juste ; un événement heureux, on a le plaisir de l'apprendre à ses amis ; on jouit de leur surprise.. mais que le malheur vous frappe, qu'il s'agisse de votre ruine ou de votre déshonneur, tout le monde sait cela aussitôt que vous.
OTTO.
Ce que l'on ignore, monsieur, ce qui intéresse vos amis comme les autres, c'est le sort que vous réservez à la comtesse.

LE COMTE.
On le saura.
OTTO.
Pour ma part, je suis convaincu que vous vous conduirez dans cette affaire en loyal gentilhomme.
LE COMTE.
Quelle que soit la détermination que je prenne, monsieur, je ne permets à personne de la juger.
OTTO.
Pourtant, monsieur le comte..
LE COMTE, brusquement.
Assez ! Pardonnez ma brusquerie, chevalier. Vous avez cru devoir me cacher ma honte, même au prix d'un mensonge, je vous remercie de vos bonnes intentions ; mais maintenant je sais ce que j'ai à faire.
OTTO.
Jamais je n'ai cru à la culpabilité de la comtesse... et puisque cet inconnu n'est autre que le duc Frédéric-Auguste...
LE COMTE.
Et cette lettre.. cette lettre d'amour.. vous n'y songez donc pas ?
OTTO.
Il y a dans tout ceci quelque chose que je ne puis comprendre ; mais plus tard, elle vous l'a dit, tout doit s'expliquer. Attendez.
LE COMTE.
Attendre ! Non, non, je ne puis pas attendre. Dresde, en s'éveillant, a déjà trop ri de ma honte ; je suis la fable de la cour ; on traîne mon nom dans la fange des quolibets. On me plaint hypocritement dans vingt lettres que je viens de jeter au feu ! En effet, c'est très plaisant, un homme que l'on déshonore. Mais moi, je cloue d'un coup d'épée le rire sur la bouche qui m'insulte : c'est ma façon de plaisanter, à moi, qui me pique de ne rien connaître aux belles façons des courtisans.
OTTO, avec insinuation.
Mais qui a pu porter ce bruit jusqu'à Dresde ?
LE COMTE, d'un ton menaçant.
Si je le savais !
OTTO.
Ce ne peut être une méchanceté gratuite. Il faut que cet ennemi caché ait eu un intérêt personnel.
LE COMTE, cherchant à comprendre la pensée du chevalier.
Quel intérêt ?

OTTO.

Qui sait?... une vengeance à exercer, contre la comtesse, peut-être, si ce n'est contre vous-même... On peut avoir des projets que vous ne prévoyez pas encore. N'avez-vous parlé à personne de ce qui s'est passé? car vos gens vous sont trop dévoués...

LE COMTE.

Mais, chevalier...

OTTO.

Une femme masquée est venue vous parler dans le parc...

LE COMTE.

Comment savez-vous?

OTTO, tristement.

C'est par de semblables moyens que l'on a calomnié la régente, et que l'on a décidé le prince son mari à la répudier pour épouser sa maîtresse.

LE COMTE, à part, lentement.

Peut-être a-t-il raison. (Il réfléchit.) Ce conseil... Est-ce donc là qu'on aurait voulu m'amener?

OTTO.

Cher comte, je vous quitte. Le canon que nous avons entendu ce matin dans la direction de Dresde, annonce que le duc Frédéric-Auguste doit avoir attaqué la ville; je vais connaître le résultat de cette agression; qui du reste ne peut être douteux; les assiégeans ont dû être tous tués ou mis en fuite. Si vous avez quelques commissions pour le palais, hâtez-vous, car je monte à cheval dans dix minutes.

LE COMTE.

Eh bien! oui, tout à l'heure, je vous ferai remettre une lettre pour le régent.

OTTO.

Très bien.

LE COMTE.

Faites en sorte qu'il signe en votre présence une pièce importante qui est jointe à ma lettre, et vous m'expédierez ces papiers, sans perdre une minute.

OTTO.

Vous savez que j'ai les meilleurs chevaux de la Saxe; c'est même à leur réputation que je dois une partie de la mienne.

LE COMTE, appelant.

Ludovic!

OTTO, à part.

Ou j'aurai perdu toute influence sur le régent, ou je sauverai la comtesse.

LE COMTE, dans le fond, au domestique qui paraît.

Préviens la comtesse que je l'attends.

(Le domestique entre dans l'appartement de la comtesse, à gauche.)

OTTO.

Adieu, cher comte.

(Il sort; le domestique qui est entré chez la comtesse reparaît bientôt après et sort par l'antichambre.)

SCÈNE III.

LE COMTE, seul.

Je l'ai résolu, elle vivra. — Mais elle sera morte pour moi! — Au moment d'accomplir le sacrifice, je sonde les replis les plus secrets de mon cœur, et je me demande si, à mon insu, je n'obéis pas à l'influence d'une passion étrangère... Non! sur mon âme, non; je n'obéis qu'à ma conscience. Cet amour coupable, funeste ivresse qui égarait ma raison, il s'est de lui-même et pour toujours dissipé. Je me retrouve seul au monde; seul, avec le souvenir lointain du pur et chaste bonheur que j'ai perdu! Oh! que ne puis-je y revenir à ce bonheur d'autrefois! Que ne puis-je oublier mes fautes et les siennes! C'est moi qui le premier... Chassons cette inutile pensée.. La route est tracée, je dois la suivre.

SCÈNE IV.

LE COMTE, LA COMTESSE.

LE COMTE.

Approchez, madame. Plus clément que ne le fut mon père, j'ai résolu de laisser la vie à une femme coupable.

LA COMTESSE, avec une dignité froide.

Je vous l'ai dit, monsieur, je ne suis point coupable... Mais que m'importe ma justification? Fût-elle possible en ce moment, cela ne me rendrait pas votre cœur.

LE COMTE.

Une éternelle séparation est l'unique vengeance que je veuille tirer de vous; vous allez signer ce papier, il est adressé au régent.

LA COMTESSE, froidement, après avoir parcouru le papier.

Une demande en divorce.. un consentement mutuel. J'attendais depuis long-temps, monsieur, cette proposition de votre part. Ceci, du moins, sera le dernier outrage.

(Elle passe auprès de la table à droite et signe.)

LE COMTE, à part.

Elle signe!

LA COMTESSE.

Vous voilà libre.

LE COMTE.

Cette liberté vous sera sans doute plus chère qu'à moi. Elle vous épargnera du moins l'hypocrisie et le mensonge... Mais qu'écrivez-vous là?

LA COMTESSE.

J'ajoute quelques lignes à votre lettre: je sollicite de Son Altesse la faveur de me retirer pour le reste de mes jours dans un couvent.

LE COMTE.

Vous, madame!... Je bénis le ciel qui vous envoie le repentir.

LA COMTESSE, se levant.

Et moi, je le prie, monsieur, qu'un jour il ne vous le refuse pas.

(Elle remet le papier au comte, qui passe auprès de la table, sonne, met la requête dans une enveloppe qu'il tire de sa poche et qu'il cachète; puis il la donne au domestique qui vient d'entrer.)

LE COMTE.

Au chevalier Otto.

(Le domestique sort avec la lettre.)

LA COMTESSE.

Maintenant, monsieur, quand partirai-je?

LE COMTE.

Dans une heure.

LA COMTESSE.

Dans une heure!... quoi! je n'ai plus qu'une heure pour embrasser ma fille? Oh! moi qui vais la quitter pour toujours, vous me donnerez bien encore cette journée?

LE COMTE.

Madame... c'est impossible.

LA COMTESSE.

Mais qu'elle vienne donc bien vite, alors. Songez qu'une heure est sitôt passée; songez que, dans une heure, tout sera fini pour moi.

(Elle pleure.)

LE COMTE, très ému et s'approchant de la comtesse.

Des larmes!... (Se remettant.) Madame, vous allez voir votre fille, mais souvenez-vous qu'elle doit tout ignorer.

LA COMTESSE.

Oh! oui, qu'elle ne sache rien!

LE COMTE, avec émotion, puis se composant.

Madame!... n'avez-vous rien de plus à me dire?

LA COMTESSE, d'un ton glacial.

Non, monsieur le comte, rien de plus.

(Le comte sort.)

SCÈNE V.

LA COMTESSE, seule, avec résignation.

Ma pauvre Marie! au moins elle vivra!... et elle saura un jour que c'est sa mère qui lui a donné une seconde fois la vie... Qu'en aurais-je fait, moi, de cette existence que le chagrin empoisonnait chaque jour? Ma mère chassée, mon repos intérieur détruit, le mépris d'un homme qui m'avait tant aimée!... Oh! la mesure était comblée... de toute façon je ne pouvais rester ici; et, par ce sacrifice devenu nécessaire, j'achète la vie de ma fille. Mais elle va venir, cette chère Marie... O mon Dieu! comment la tromper?... si elle découvrait.. Non, non, il faut composer mon visage, cacher mes larmes sous un sourire, prétexter un voyage. La voici.

(Marie est entrée pendant ces derniers mots; elle a regardé sa mère, et, au lieu d'accourir vers la comtesse, elle s'est éloignée. Sa figure porte une expression de réserve et de froideur.)

SCÈNE VI.

LA COMTESSE, MARIE.

LA COMTESSE.

Ma fille! viens! Oh! viens sur mon cœur! ma chère Marie. Pourquoi ce matin ne t'ai-je pas vue? dis! c'est la première fois que ton baiser me manque à mon réveil.

MARIE, froidement et les yeux baissés.

Ce matin, tu avais défendu que personne n'entrât dans ton appartement.

LA COMTESSE.

Défendu! moi?

MARIE.

Mon père me l'a dit.

LA COMTESSE.

Ton père?... Ah! c'est juste! oui, je me rappelle... Mais cela n'était pas pour toi, Marie; c'est une méprise, tu sens bien. Enfin, le voilà, n'y songeons plus... Ta présence me fait tant de bien! aujourd'hui surtout! si tu savais... Embrasse-moi. (Voyant que Marie ne fait aucun mouvement.) Mais qu'as-tu donc? tu parais inquiète, préoccupée, froide! Marie, oh! mon Dieu! rassure-moi bien vite, il me semble que tu m'aimes moins?

MARIE, sans relever les yeux.

Peux-tu le croire?

LA COMTESSE.

Comme tu me dis cela! Tu ne m'en veux plus, n'est-ce pas, de ce qu'hier je t'ai parlé sévèrement? c'était pour ton bien, vois-tu, mon enfant. Ecoute... (Avec un naturel composé.) il peut se faire que j'entreprenne bientôt un grand voyage... et puis, je ne serai pas toujours là pour t'aider de mes conseils. Il faut donc apprendre à te diriger toi-même. Tu as commis une grande faute, Marie, l'unique moyen de la réparer, c'est de ne plus revoir ce jeune homme, entends-tu? Tu souffriras, je le sais. (Essuyant ses yeux.) Cela fait tant de mal de renoncer au bonheur qu'on s'était promis! mais que veux-tu, nous autres femmes, nous sommes au monde pour souffrir... Ce jeune homme, je te le répète, quelles que soient les promesses qu'il t'ait faites, il n'a ni la volonté ni le pouvoir de les tenir.

MARIE, *avec une douleur où perce un peu d'ironie.*
Je ne le reverrai plus... je sais que je ne dois plus le revoir.
LA COMTESSE.
Mais comme tu me dis tout cela... Tu évites mon regard! Mais tu sais bien que je t'ai pardonné, Marie; je t'aime tant! (*Elle presse contre sa poitrine la tête de sa fille.*) Faut-il te dire que tu es la seule pensée de vrai bonheur qui ait jamais traversé ma vie? Sans l'amour que j'ai pour toi... va, je serais morte depuis long-temps.
MARIE,
O ma mère! quoi que cette méchante femme ait pu me dire, jamais je ne trouverai dans mon âme un sentiment de haine contre toi!
LA COMTESSE, *répétant machinalement comme sans comprendre.*
De la haine! de la haine! Oh! mon Dieu! (*Avec certitude.*) Madame de Rosenthal t'a parlé?
MARIE.
Oui, ce matin! dans ma chambre! avant de quitter le château, elle est venue...
LA COMTESSE.
Que t'a-t-elle dit?
MARIE.
Je n'ose...
LA COMTESSE.
Cette femme t'a raconté que, cette nuit... dans le pavillon du parc...
MARIE.
Oui, elle m'a tout dit... tout.
LA COMTESSE.
Marie! mais tu ne l'as pas crue au moins, cette horrible femme? réponds-moi donc, tu ne l'as pas crue, quand elle venait te dire que ta mère est une infâme? Tu ne réponds pas! Ah! tu me crois ta rivale! Moi! justice du ciel! Mais malheureuse enfant! c'est pour cacher ta faute que je supporte l'infamie, quand un mot me justifierait!
MARIE.
Est-il possible!
LA COMTESSE, *avec une animation croissante.*
Tu ne sais donc pas que ce jeune homme que tu aimes, c'est le duc Frédéric-Auguste, ton souverain, fiancé à la princesse de Hanovre?
MARIE.
Oh! mon Dieu!
LA COMTESSE, *étreignant les deux bras de sa fille et parlant avec rapidité.*
Tu ne sais donc pas que j'ai pris ta place à ce rendez-vous, pour aller lui dire, à ce prince que j'avais accueilli sans défiance, parce qu'il était malheureux et proscrit, pour aller lui dire qu'il est un infâme de t'avoir trompée? (*Avec amertume.*) Voilà ce que je n'ai pas voulu révéler à ton père, Marie; et quand je me sacrifie pour toi, pour te sauver, tu doutes de ta mère, tu l'accuses! Oh! oh! Marie, va, tu ne m'aimes pas, tu ne m'as jamais aimée! (*Elle la repousse loin d'elle.*)
MARIE. Elle pousse un cri déchirant, tombe à genoux et s'attache convulsivement aux vêtements de la comtesse.
Ma mère, ne me dis pas cela. Grâce! grâce!
LA COMTESSE.
Oh! non, vois-tu, ce coup-là, c'est le plus douloureux de tous...
MARIE, *dans le plus grand désespoir.*
Je pleure, je pleure à tes genoux... Si tu ne me pardonnes pas, j'en mourrai.
LA COMTESSE, *après un silence, regardant sa fille qui se désespère.*
Marie!... allons, viens, je te pardonne!
MARIE.
Ah! (*Elle se jette dans les bras de la comtesse en sanglotant.*) Me dire que je ne t'aime pas!
LA COMTESSE.
Je ne l'ai pas cru, Marie. Voyons, tu ne dois plus pleurer à présent, j'ai dit cela. (*Marie est suffoquée par les larmes, sa mère la couvre de baisers.*) Voyons, ne pleure donc plus... Je n'ai pas voulu te faire de chagrin... Oui, oui, tu m'aimes, je le sais... Eh! mon Dieu, c'est tout naturel que tu aies cru ce qu'on venait te dire... Quand on aime, quand on est malheureuse, on soupçonne comme cela facilement... C'est malgré soi... Allons, c'est fini.
MARIE, *avec force.*
Mais tu ne partiras pas, ma mère!
LA COMTESSE.
Si, si, il le faut, oublie tout ce que je viens de t'apprendre.
MARIE.
Je ne souffrirai pas que tu portes la peine de ma faute. Non, non!
LA COMTESSE.
Il faut que je parte, te dis-je, il le faut!
MARIE.
Non!
(*Ses sanglots éclatent de nouveau, elle jette sa tête avec désespoir sur l'épaule de sa mère.*)
LA COMTESSE.
Marie, voyons, calme-toi... écoute-moi froidement, comme je te parle. Je suis ta mère, je ne voudrais pas te donner un mauvais conseil, n'est-ce pas? Tu crois peut-être que je me sacrifie pour toi? eh bien! non, ce n'est pas à toi, mon enfant, que je fais ce sacrifice, c'est à mon repos. Ecoute, on peut tout te dire à toi... Vois-tu, ma belle Marie, je ne pouvais plus rester dans cette maison d'où Mme de Rosenthal me chasserait demain, comme hier elle a chassé ma mère; je saisis un prétexte, voilà tout... Ainsi laisse-moi partir, ne dis rien à personne; si tu parles, tu ne me sauves pas pour cela, et toi, tu te perds. Tu ne voudrais pas me donner ce nouveau chagrin... pousser ton père à un crime peut-être... Songe à ce qu'est ton père, Marie, un homme inexorable.

MARIE, résolument.

Qu'il me tue, mais qu'il sache tout!

LA COMTESSE.

Non, si tu m'aimes, je te le défends... je t'en supplie.

MARIE, avec force, apercevant le comte.

Mon père! Dieu soit loué!

(Elle veut s'élancer au devant de lui, la comtesse l'empêche de passer et la conjure de se taire.)

SCÈNE VII.

LE COMTE, entrant par la droite, LA COMTESSE, MARIE.

LE COMTE.

Ma fille, laissez-nous.

MARIE, se jetant au cou de la comtesse.

Ah! monsieur, il faudra que vous m'arrachiez des bras de ma mère.

LA COMTESSE, avec terreur.

Tais-toi!

LE COMTE, froidement.

Je devais m'attendre à cet éclat.

MARIE, passant devant sa mère, qui essaie de la retenir.

C'est Mme de Rosenthal qui m'a tout dit, je vous le jure : c'est à elle que je dois de pouvoir sauver ma mère.

LE COMTE.

Il n'y a pas de grâce à obtenir de moi.

MARIE.

Je ne demande pas grâce, mais justice.

LA COMTESSE.

Marie!

LE COMTE.

Justice est faite!

MARIE.

Pas encore.

LA COMTESSE.

Marie! par pitié!

MARIE.

Vous ne pouvez punir ma mère, quand c'est moi...

LA COMTESSE, se tenant derrière Marie, prête à se jeter entre elle et son père.

Ne la croyez pas, monsieur le comte ; elle s'accuse pour sauver sa mère... Cette pauvre enfant, elle croit pouvoir vous tromper!... comme si cela était possible.

MARIE, s'exaltant et couvrant la voix de sa mère.

Ce billet que vous avez surpris... ce rendez-vous au duc...

LE COMTE.

Eh bien?

MARIE.

C'était moi qui devais y venir.

LE COMTE.

Toi!

LA COMTESSE, éperdue, mettant sa main sur la bouche de sa fille.

Mensonge!

MARIE, se dégageant.

Oui, c'est moi qui ai flétri votre nom...

(Elle tombe à genoux, complétement affaissée et le front presque à terre,

LE COMTE, terrible, levant les deux bras.

Malheureuse!

LA COMTESSE, repoussant le comte d'une main et de l'autre couvrant la tête de sa fille.

Elle ment, elle ment, monsieur le comte. Ne voyez-vous pas que c'est impossible! Une jeune fille si pure, si sage, si belle! votre unique enfant!...

LE COMTE.

Marie!... Madame! Cessez... oh! cessez de jouer avec mon honneur irrité!

(Un domestique ouvre la porte du fond; le chevalier entre très agité.)

OTTO.

Monsieur le comte, Son Altesse l'électeur de Saxe...

(Mouvement de surprise.)

LE COMTE.

L'électeur! (Marie s'est redressée et s'appuie sur sa mère; le comte s'avance vers l'antichambre, où paraît un brillant état-major que traverse le duc, il est décoré du grand cordon de son ordre.) Frédéric-Auguste!

MARIE, en même temps.

C'est lui!

(Elle tombe à demi évanouie sur le fauteuil à gauche.)

SCÈNE VIII.

OTTO, LE COMTE, LE DUC, LA COMTESSE, MARIE, OFFICIERS au fond.

LE DUC.

Comte d'Altenberg, Dresde est à moi. Le peuple s'est levé pour le fils de Christian VII et a fait triompher sa cause.

LE COMTE, à part.

Vainqueur, lui!

LE DUC.

Soyez assurée de ma reconnaissance pour l'hospitalité offerte au proscrit et pour l'appui de votre famille, madame, à qui je dois peut-être ma couronne.

LA COMTESSE, à part.

Sa reconnaissance!

LE DUC.

Mais qu'il me soit permis, comte, de vous faire un reproche... Je vous avais juré... et malgré mon serment, vous voulez une séparation... la requête adressée par vous au souverain, la voici... Moi, votre souverain, je refuse de la signer.

LE COMTE, reprenant des mains du duc la requête qu'il froisse avec colère lorsqu'il cesse de parler.

Prince, quel contentement trouverai-je à croire à votre serment, lorsqu'une souillure n'en reste pas moins imprimée à mon nom? Quelle que soit la coupable, Altesse, il y a dans ma maison une femme déshonorée!

LE DUC.

Comte, il n'y a ici que la comtesse d'Altenberg et la duchesse électorale de Saxe!
(Il désigne Marie.)

LA COMTESSE, jetant un cri.

Ah!

MARIE.

Mon Dieu!

LE DUC, rapidement.

Nous avons reconquis nos états sans l'assistance du Hanovre, nous sommes quitte envers cet allié de toute obligation. (A la comtesse, lentement.) Madame je vous demande la main de votre fille...

LA COMTESSE.

Duc, soyez béni.

LE COMTE, regardant sa femme.

Innocente!... Ah!...
(Il se voile le visage avec ses mains.)

OTTO, bas au comte.

Le prince de Valdeck a quitté Dresde; Mme de Rosenthal est partie avec lui.

LE COMTE.

Ah! ne me rappelez jamais mon crime... ma vie entière ne suffira pas pour l'expier.

LE DUC, aux officiers de sa suite, restés au fond, en dehors.

A Dresde, messieurs! (La comtesse, prenant sa fille à sa droite, fait quelques pas vers le duc, qui se retourne pour regarder Marie encore une fois.) Marie, à bientôt. *

LE COMTE, s'approchant de sa femme.

Vous qui êtes un ange, pardonnerez-vous?

LA COMTESSE.

J'oublie! (Elle lui tend la main.)

*Position : le Comte, la Comtesse, le Duc, Marie. — Otto, au fond.

FIN DE LA COMTESSE D'ALTENBERG.

NOTE POUR LES ROLES.

LE COMTE. — Fort premier rôle. — Rhingrave de velours noir avec agrémens de soie noire. — Un crachat. — Culotte grise, foncée; bottes molles, non vernies. — Au quatrième acte, costume de bal très brillant.

LE DUC. — Jeune premier. — Costume militaire fort simple. Redingote verte avec boutonnières en galon d'or bordant toute la longueur; revers amaranthe; ceinture de buffle. — Culotte blanche; bottes. — Pour la dernière entrée, un grand cordon rouge par dessus l'habit. Un crachat.

OTTO. — Premier amoureux. — Costume de velours très élégant. — Aux troisième et au cinquième acte, l'habit de cheval, des bottes.

LE PRISONNIER. — Justaucorps long et haut-de-chausses en drap brun, ceinture de buffle. — Barbe moyenne et grisonnante. — La distribution de ce rôle est laissée à la convenance du directeur. — Il est recommandé à l'acteur qui jouera cette scène de la dire avec la plus grande simplicité.

JOHANN. — Costume tout noir.

LE SÉNÉCHAL. — Costume tout noir.

LA COMTESSE. — Premier rôle. — Robe de velours noir, ouverte et garnie de dentelles — Sous-jupe en moire noire. — Au quatrième acte, une robe de bal en soie blanche. — Un domino de satin noir ouvert et bien large, pour que l'actrice puisse le laisser tomber à l'entrée du comte.

MARIE. — Jeune première. — Robe de crêpe blanc. Corsage à la Louis XV, décolleté, garni de rubans blancs froncés *à la vieille*, en amoindrissant jusqu'à la pointe. Manches, plates descendant jusqu'au coude, avec de larges revers ornés de ruban froncé, pareil à celui du corsage. — Cheveux relevés, roulés sur le haut du front et retombant en boucles sur les côtés. — Au sommet de la tête un ruban bleu flottant. — Au milieu du corsage un bouquet de fleurs des champs. — L'ôter pour le cinquième acte.

LA MARGRAVE. — Première duègne, mère noble. — Robe de velours foncée, ouverte. — Cheveux roulés blancs. — Coiffure de dentelle noire.

FRANCE DRAMATIQUE. — PIÈCES EN VENTE.

La Seconde Année. — L'École des Vieillards. — L'Ours et le Pacha. — Le Camarade de lit. — Le Mari et l'Amant. — Les Malheurs d'un Amant. — Henri III et sa Cour. — Un Duel sous Richelieu. — Calas, de Ducange. — Michel et Christine. — Le Mariage de raison. — L'Homme au masque de fer. — La Jeune Femme colère. — L'Incendiaire. — La Vieille. — Le Jeune Mari. — La Demoiselle à marier. — Les Vêpres Siciliennes. — Budget d'un jeune Ménage. — L'Auberge des Adrets. — Philippe. — La Dame blanche. — Toujours. — Dix ans de la vie d'une Femme. — Le Lorgnon. — Bertrand et Raton. — Une Faute. — Le ci-devant jeune Homme. — Marie Mignot. — Pourquoi? — Richard d'Arlington. — La Chanoinesse. — Les Comédiens. — L'Héritière. — Léontine. — Le Gardien. — Dominique. — Le Philtre Champenois. — Vert-Vert. — Bruels et Palaprat. — Le Mariage extravagant. — Le Paysan perverti. — Pinto, en cinq actes. — La Carte à payer. — Le Mari de ma Femme. — Les vieux Péchés. — Luxe et Indigence. — Zoé. — Louis XI. — Ninon chez Mme de Sévigné. — Robin des Bois. — Marius à Minturne. — Marie Stuart. — Les Rivaux d'eux-mêmes. — La Famille Glinet. — Les Héritiers. — Jeanne d'Arc. — Les Maris sans femmes. — L'Assemblée de famille. — Mémoires d'un Colonel. — Le Paria. — Les deux Maris. — Le Médisant. — La Passion secrète. — Rabelais. — Les deux Gendres. — Trente ans. — Le Pré-aux-Clercs. — La Poupée. — La Tour de Nesle. — Changement d'uniforme. — Une Présentation. — Madame Gibou et Mme Pochet. — Est-ce un Rêve? — Fra Diavolo. — Robert-le-Diable. — Le Duel et le Déjeuner. — Zampa. — Avant, Pendant et Après. — Les Projets de Mariage. — Un premier Amour. — Napoléon, ou Schœnbrunn et Sainte-Hélène. — La Courte-Paille. — Le Hussard de Felsheim. — 1760, ou les trois Chapeaux. — Rigoletti. — Frédégonde et Brunehaut. — Gustave III. — Elle est Folle. — L'Abbé de l'Épée. — Un fils. — Les Infortunes de M. Jovial. — M. Jovial. — Victorine. — Catherine, ou la Croix d'Or. — La Belle-Mère et le Gendre. — Heur et Malheur. — Il y a seize ans. — L'Héroïne de Montpellier. — C'est encore du Bonheur. — La Mère au bal et la Fille à la maison. — Jean. — Les Étourdis. — Valérie. — Foublas. — Picaros et Diego. — Démence de Charles VI. — Une Heure de Mariage. — Madame Dubarry. — Le Chiffonnier. — Le marquis de Brunoy. — Le Voyage à Dieppe. — Les Anglaises pour rire. — La Fille d'honneur. — Un moment d'imprudence. — Le Dîner de Madelon. — Les deux Ménages. — Le Bénéficiaire. — Les Malheurs d'un joli Garçon. — Robert, chef de brigands. — Michel Perrin. — Une Journée à Versailles. — Le Barbier de Séville. — Les Cuisinières. — Le Nouveau Pourceaugnac. — Marie. — Le Secrétaire et le Cuisinier. — Clotilde. — Bourguemestre de Saardam. — Le Roman. — Le Coin de Rue. — Le Célibataire et l'Homme marié. — La Maison en loterie. — Les deux Anglais. — Le Mariage impossible. — La Ferme de Bondi. — Werther. — La Prison d'Édimbourg. — La première Affaire. — La Famille de l'Apothicaire. — Don Juan d'Autriche. — L'Enfant trouvé. — Le Poltron. — Le Facteur. — Misanthrope et Repentir. — Le Châlet. — Perrinet Leclerc. — Moiroud et Compagnie. — Agamemnon. — Chacun de son côté. — Le Vagabond. — Thérèse. — Sans Tambour ni Trompette. — Marino Faliero. — Fanchon la Vielleuse. — Prosper et Vincent. — Glenarvon. — Le Conteur. — Le Caleb de Walter Scott. — La Dame de Laval. — Carlin à Rome. — Les deux Philibert. — Les Couturières. — Le Couvent de Tonnington. — Le Landau. — Une Famille au temps de Luther. — Les Poletais. — Honorine. — Angéline. — La Princesse Aurélie. — Les petites Danaïdes. — Sophie Arnould. — Le Marquis de Carabas. — La belle Écaillère. — Les deux Jaloux. — La Laitière de Montfermeil. — Les Bonnes d'Enfans. — Farruck le Maure. — Monsieur Sans-Gêne. — Monsieur Chapolard. — La Camargo. — Préville et Taconnet. — Le Bourru bienfaisant. — La Fille de Dominique. — Le Philosophe sans le savoir. — Rossignol. — Deux vieux Garçons. — La jeunesse de Richelieu. — Les Frères à l'épreuve. — Guillaume Tell, opéra en quatre actes. — Henri Hamelin, drame en trois actes. — Un Testament de Dragon. — Le Ménestrel, comédie en cinq actes. — Les Bayadères de Pithiviers. — Peau d'âne, en cinq actes. — L'Ouverture de la Chasse. — La Vie de Château. — Père de la Débutante. — L'Avoué et le Normand. — La Juive. — Un Page du Régent. — Les Indépendans. — Les Huguenots. — Le Mal noté dans le quartier. — L'Idiote, drame en quatre actes. — Suzette. — Guillaume Colmann. — Les deux Edmond. — Le Serment de Collège. — La Vie de Garçon. — La Camaraderie. — Le Commis-voyageur. — La Liste de mes Maîtresses. — Alix, ou les deux Mères. — Harnali, Parodie. — 99 Moutons et un Champenois. — Un Ange au sixième étage. — Frascali, vaudeville en trois actes. — La Cocarde tricolore. — La Muette de Portici. — La Foire Saint-Laurent. — Clermont. — Le Ploupiou, vaudeville en trois actes. — Le Perruquier de la Régence. — Le Chevalier du Temple. — Le Mariage d'argent. — Le Camp des Croisés. — Mademoiselle d'Aloigny. — Une Vision, ou le Sculpteur. — Le Bourgeois de Gand. — Le pauvre Idiot, drame en cinq actes. — Louise de Lignerolles. — L'Homme de soixante ans. — Marguerite. — La Belle-Sœur. — Céline la Créole. — Mademoiselle Bernard. — Le Précepteur à vingt ans. — Madame Grégoire. — La Cachucha. — Samuel le marchand. — Guillaume Tell, opéra en quatre actes. — Henri Hamelin, drame en trois actes. — Un Testament de Dragon. — Le Ménestrel, comédie en cinq actes. — Les Bayadères de Pithiviers. — Peau d'âne, en cinq actes. — L'Ouverture de la Chasse. — La Vie de Château. — Thérèse, opéra-comique. — L'Obstacle imprévu. — Richard Savage, drame en cinq actes. — Le Grand-Papa Guérin. — Le Général et le Jésuite. — La Boulangère a des écus. — D. Sébastien de Portugal. — C'est monsieur qui paie. — Mademoiselle Clairon. — Ruy-Brac, parodie de Ruy-Blas. — Une Position délicate. — Randal, drame en cinq actes. — L'Enfant de Giberne. — Sept Heures. — Un Bal de Grisettes. — Candinot, roi de Rouen. — Françoise et Francesca. — La Manille. — Les trois Gobe-Mouches. — Le Postillon franc-comtois. — Mademoiselle Nichon. Dagobert. — Les Maris vengés. — Une Saint-Hubert. — La Fille d'un Voleur. — Les Sermens. — Le Planteur. — Jaspin, comédie-vaudeville. — Le Père Pascal. — Nanon, Ninon, Maintenon. — Phœbus. — Les Camarades du Ministre. — Vingt-six ans. — La Canaille. — L'Éclair. L'Intérieur des Comités révolutionnaires. — La Laitière de la Forêt. — Bobèche et Galimafré. — La Femme jalouse. — Le Panier fleuri. Le Protégé. — Le Diamant. — Les Treize. — Le Naufrage de la Méduse. — L'Eau merveilleuse. — Geneviève la Blonde. — Industriels et Industrieux. — Le Pied de mouton. — La grande Dame. — Passé minuit. — La Susceptible. — Le Pacte de Famine. — Le Tribut des Cent Vierges. — Isabelle de Montréal. — Une Visite nocturne. — Madame de Brienne. — Un Ménage parisien. — Les Brodequins de Lise. — Valentine. — La belle Bourbonnaise. — Mademoiselle Desgarcins. — Passé Midi. — Les Trois Quartiers. — La Nuit du Meurtre. — La Fiancée. — La Rose jaune. — Le Shérif. — Les Filles de l'Enfer. — César, ou le Chien du château. — Eustache. — Argentine. — L'Amour. — La Fiancée de Lammermoor. — Le Père de Famille. — Bélisario. — Le Débardeur. — La Symphonie. — Sujet et Duchesse. — Écorce russe et Cœur français. — Un Scandale. — Le Bambocheur. — Le Philtre, opéra. — Le Tasse. — Léonide, ou la Vielle. — A Minuit. — Le Coffre-fort. — Fénélon, par Chenier. — Les Machabées. — La Lune rousse. — L'Amant bourru. — Cartouche ou les Voleurs. — L'Espionne Russe. — Les deux Normands. — Le Soldat de la Loire. — Malvina, en le Mariage. — Le plus beau jour de la vie. — Polder, ou le Bourreau. — Louise, ou la Réparation. — Les premières Amours. — Le Colonel. — Le Coiffeur et le Perruquier. — La Reine de seize ans. — Ketly, ou le Retour. — La Famille Riquebourg. — Lisbeth, ou la Fille du Laboureur. — La Lune de miel. — La République, l'Empire et les Cent jours. — Les deux Forçats. — Le Quaker et la Danseuse. — Les Enfans d'Édouard. — Yelva. — La Marraine. — La Mansarde. — La Fille du Cid. — Le Soldat laboureur. — Les Cabinets particuliers. — Les deux Systèmes. — La Reine d'un jour. — Régine, ou les deux Nuits. — L'Humoriste. — Hochet d'une Coquette. — La Fausse Clé. — Le Secret du Soldat. — La Neige. — Le Jésuite — Les six Degrés du Crime. — Les deux Sergens. — Le Diplomate. — Latréaumont. — Le Code et l'Amour. — La Mansarde du Crime. — Judith. — Madame Duchâtelet. — Le Verre d'eau. — Masaniello. — La Rose de Péronne. — Deux Sœurs. — La Grâce de Dieu. — La Dette à la Bamboche. — Une Nuit au Sérail. — L'Embarras du Choix. — La Popularité. — Caravage. — Un Monsieur et une Dame. — Les Pénitens blancs. — Christina. — Permission de dix heures. — Béatrix, drame. — Voyage de Robert Macaire. — Comité de Bienfaisance. — Floridor le choriste. — La Mère et la Fille. — La Fille du Tapissier. — Le Veau d'Or. — Mari de sa Cuisinière. — Le Débutant. — Le Jeûne avant Midi. — Deux Dames au Violon. — Le Beau-Père. — La Maîtresse de l'Oste. — L'Homme gris. — Le Bureau de Placement. — Les Oiseaux de Bocare. — Le Festin de Pierre. — Le Bon Ange. — Secret du Ménage. — La Citerne d'Albi. — Le Cousin du Ministre. — Gabrina. — Le Caporal et la Payse. — Les Pontons. — Les Pupilles de la Garde. — Chevilles de Maître Adam. — Mlle de Mérange. — Péterscott. — La Vie d'un Comédien. — La Chaîne électrique. — Marie. — Nicolas Nickleby. — L'une pour l'autre. — Les Philantropes. — L'Oncle Baptiste. — L'Avocat de sa cause. — Les Jumeaux béarnais. — L'Hôtel garni. — Le Voyage à Pontoise. — Le Jeu de l'amour et du hasard. — Le Parleur éternel. — Le Turc. — Mon coquin de Neveu. — Une Jeunesse orageuse. — Édouard et Clémentine. — Un Veuvage. — L'Ingénue de Paris. — La Journée d'une jolie Femme. — L'Anneau de la Marquise. — Le Petit Chaperon rouge. — Le dernier Marquis. — Les deux Voleurs. — Les Noceurs. — La Branche de Chêne. — Mathilde. — Brigitte. — C'était moi. — L'Héritage du mal. — Le docteur Robin. — Le Portrait vivant. — Pierre-le-Noir. — Le Bourgeois grand Seigneur. — Gaetan di Maiamone. — Une Chaîne. — Les Diamans de la Couronne. — Le Diable à l'école. — Le duc d'Olonne. — Le Code noir. — Oscar ou le Mari. — Kiosque. — Carmagnola. — La Main de fer. — Le Fils de Cromwell. — Mathilde burlesque. — La capitaine Charlotte. — Trafalgar. — Magasin de la Graine de lin. — Paquerette. — Marquise de Rantzau. — La Part du Diable. — La Chasse aux Maris. — Un Mari s'il vous plaît. — Rue de la Lune. — Les Jaretières de ma femme. — Quand on n'a rien à faire. — Le Roi de Cocagne. — La Nuit aux soufflets. — Duchesse et Poissarde. — Tabarin. — Bertrand l'Horloger. — Les Hures-Graves. — Georges et Thérèse. — Un Péché de jeunesse. — Les Contrastes. — Le Puits d'Amour. — Judith. — Les deux Favorites. — Les Prétendans. — Guerre des Servantes. — Guido et Ginevra. — Le Lac des Fées. — Brutus. — Eulalie Pontois. — Mlle Rose. — La Jeunesse de Luther. — La Perle de Morlaix. — Mme Barbe-Bleue. — La Folle de la Cité. — Lambert Simnel. — Le Roman d'une heure. — L'Ogresse. — Les Dix. — Don Pasquale. — Tôt ou tard. — Jean Lenoir. — Les Naufrageurs. — Jacquot. — Dom Sébastien. — Mina. — Les Moyens dangereux. — Manon. — La Marquise de Carabas. — Daniel le Tambour. — Une Invasion de Grisettes. — La Tutrice. — André Chénier. — Cagliostro. — La Bohémienne de Paris. — Les Mystères de Paris. — Les Mystères de Passy. — Les Amans de Murcie. — Lucile.

www.ingramcontent.com/pod-product-compliance
Lightning Source LLC
Chambersburg PA
CBHW060717050426
42451CB00010B/1494